Ralf Sotscheck – Der gläserne Trinker

Ralf Sotscheck, geboren 1954, lebt seit 1985 in Dublin und ist irischer Staatsbürger. Er arbeitet als Korrespondent für die Berliner *tageszeitung* und verfasst für die »Wahrheit-Seite« die beliebte Montagskolumne. Zahlreiche Buchveröffentlichungen. Zuletzt: »Dublin Blues«, Hamburg 2003; »Der keltische Tiger«, Hamburg 2000; »Irish Toffee«, Hamburg 1998.

Edition
TIAMAT
Deutsche Erstveröffentlichung
Herausgeber:
Klaus Bittermann
1. Auflage: Berlin 2006

www.edition-tiamat.de
Buchumschlag unter Verwendung einer Zeichnung
von © TOM
ISBN: 3-89320-095-9

Ralf Sotscheck

Der gläserne Trinker

Irische Geheimnisse

Mit einem Vorwort von
F.W. Bernstein

Mit Illustrationen von
©TOM

Critica
Diabolis
135

Edition
TIAMAT

INHALT

Vorwort von F.W. Bernstein – 7

Altersbedingte Inkontinenz – 9
Der gläserne Trinker – 11
Der Ire zeigt fremden Kühen gerne seinen Penis – 13
Beherzte Basken bekämpfen Bodega – 16
Einen Biffo erkennt man OY – 18
Der Tod im Katzenkillerhaus – 21
Brand im Nichtraucherhaus – 23
Hotelgäste sind potentielle Verbrecher – 25
Der geschätzte Busfahrplan – 27
Das Bullenquartett von Liverpool – 30
English is crazy – 32
Rennfrettchen und warmes Bier – 34
Sind Sie taub oder gelähmt? – 36
Unterwegs als Luftpirat – 39
Sportler mit Entblößungstrieb – 41
Wurmbeschwörung und Moorschnorchelweltmeisterschaft – 43
Kochen mit kulinarischer Knalltüte – 45
Ein Handy voller Leben – 48
Der Silberhochzeitskuchen – 51
Schwule Waliser, hässliche Vegetarier und stillende Mütter – 53
Schiefe Töne bei der Hochzeit – 55
Seebestattung für eine Kirche – 57
Geriatrie-Rock – 60
Das Huhn im Truthahnpelz – 63
Dünn, dünner, am dünnsten – 64
Richtig nett ist's nur im Bett – 66
Rückwärts um die Ecke – 68
Ach ja, die Kinder... – 71
Das englische Kettenbriefmassaker – 73
Zuckerwatte im Kopf – 75

Die Fawlty Towers von Ludwigshafen – 77
Der kriminelle Kneipenraucher und das gefangene Auto – 79
Der Käse gewinnt immer – 81
Mein Feind, der Baum – 83
Feuchte Luft für die feuchte Insel – 86
Wahnsinnige Rinder und verspätete Straßenbahnen – 88
Engländer, gut durchgebraten – 90
Truthahn und Betonfüße – 92
Swinging bridge in swinging London – 94
Kaffeefahrt mit Oma – 98
Salzloses Blutbad in Schottland – 100
Halb gewaschen beim TÜV – 102
Eine Bierwünschelrute gegen den Durst – 104
Kein Leben trotz Puls – 107
Ein versehentlicher Überziehungskredit 109
Ratze muss nach Irland – 111
Flusstanz – die Heimsuchung – 113
Der Bart bleibt hier – 115
Knüppel aus dem Sack – 117
Saumagen Unlimited und Schinken-Peter – 120
In Windeseile durch die Grüne Insel – 123
Stofffroschalarm – 125
Mutter Erde und Vater Sonne – 127
Was denn, keine Soße? – 129
Schwarz, weiß und gestreift – 131
Die Reise nach Jerusalem – 133
Der weiße Punkt – 137
Der Fotograf und die Hausmeister der Hölle – 139
Der Trend geht zum Zweitbaum – 141
Weihnachtswünsche werden wahr – 143
Der heimliche Entsafter – 145
Wurst-Ralle – 147
Bahnfahrt mit Tomatensaft – 150
Briefmarkensammeln – 152
Bienchen hat ausgesummt – 154
Ein Nashorn im Wasser – 156

Vorwort

F. W. Bernstein

»Ich habe die Lindenstraße das erste Mal gesehen, als die 400. Folge lief. Damals flog mich die ARD nach Köln ein, weil sie jemanden wollten, der die Lindenstraße noch nie gesehen hatte und zur Jubiläumssendung darüber für das ARD-Magazin schreiben sollte.« Unter diesen seltenen Voraussetzungen schrieb Ralf Sotscheck seine Reportage über jene Sendereihe.

Ich wollte ich wäre in seiner Lage. Aber ich musste Klaus Bittermann gestehen, daß ich schon einiges von Ralf Sotscheck gelesen hatte, als er, Bittermann, mir den Auftrag zu diesem Vorwort gab. Meine Chance: ich habe noch nicht alles von diesem Autor gelesen, bin also immer noch im Stande der fruchtbaren Unzulänglichkeit. Alsdann:

Wie wir alle wissen, hat Ralf Sotscheck Irland erfunden. Irland, eine Insel, ein Land, ein Erdteil, ja ein Paralleluniversum, treibt seit Jahren vor England im Ralfstrom. Reich hat er es ausgestattet, mit einer Sprache, mit Musik und mit Guinness und Whiskey und einer unglaublichen Literatur. Er berichtet, wie er als Knabe von irischen Räubern geraubt und nach Irland verschleppt wurde, wo er lange Jahre lang Schafe hütete, Guinness trank und Glossen schrieb. Einmal sei ihm die Flucht gelungen, aber in einer Vision erhielt er einen Brief mit der Überschrift »Die Stimme der Einwohner Irlands«, die ihn baten, zu ihnen zurückzukehren. Ralf befolgte diesen guten Rat, wie vor ihm schon der Heilige Patrick, ein früher Erfinder Irlands, das damals Hibernia genannt wurde. Manche sagen, und es sind nicht die Schlechtesten, Ralf und Patrick haben Irland nicht erfunden, sondern entdeckt und gefunden – so soll es sein. Ralf, der Finder, gehört seitdem zu jenen irischen Mönchen, die keinen Bischof über sich kennen, die lesen und schreiben, Ostern auf eigene Weise berechnen und eine nur ihnen gemäße Tonsur tragen und am schönsten Buch der Welt arbeiten, dem »Book of Kells«, einem gewaltigem Prachtkodex, der schon vor 1000 Jahren bestaunt wurde, so zierlich ist er und so ausgeklügelt, so genau und kompakt, so voller Knoten und Windungen, mit Farben so frisch und so weiter: So schwadronierte der hochgelehrte Giraldu Cambrensis in seiner Topographia Hibernia.

Ralf Sotscheck aber hat mit dem irischen Pass auch die Verpflichtung literarischer Missionstätigkeit eingegangen und zwar u.a. in der Form der Montagskommentare in der *taz*. Dort verbreitet er die Kunde von den irischen Wundern und Geheimnissen, aber berichtet auch oft kopfschüttelnd von den Vorgängen in Nothumbrien, dem abseits liegenden England. Wenn ich das vorliegende Buch gelesen haben werde, werde auch ich mehr wissen.

Was ich schon weiß: in einem Bittermann-Buch »In Schlucken-zwei-Spechte« spricht Harry Rowohlt – auch so ein Irland-Finder: »Dieses Buch heißt *Ralf Sotscheck im Gespräch mit Harry Rowohlt*, und wenn es, wie Verleger Klaus Bittermann hofft, sich wie geschnitten Brot verkauft, gibt es bald den zweiten Band: *Harry Rowohlt im Gespräch mit Ralf Sotscheck*. Das wird bestimmt lohnender, weil Du sehr viel mehr erlebt hast als ich, obwohl Du ja sehr viel jünger bist. Du bist Journalist, düst ständig durch die Gegend, gurkst überall herum, lernst interessante Menschen kennen, während ich als Übersetzer den ganzen Tag zu Hause sitze und an Formulierungen feile, und das ist schwer zu erzählen.«

(Und jetzt Einwand Ralf:) »Ach was. Wir sollten uns noch einen letzten Whiskey genehmigen und dann schlafen gehen...«

Wir aber, liebe Leserin und sehr geehrter Herr Leser, bleiben wach und lernen den geheimnisreichen irischen Ralf kennen.

Und sind wir nicht zu beneiden?

Altersbedingte Inkontinenz

Ich bin erledigt. Es lohnt kaum, morgens aufzustehen. Ich sollte statt dessen im Bett bleiben und auf das gnädige Ende warten, wenn ich meinen Mitmenschen Glauben schenken wollte. Seit sich herumgesprochen hat, dass ich 50 bin, behandeln sie mich wie einen Todgeweihten.

Neulich massierte ich möglichst unauffällig mein Knie, aber man bemerkte es doch. »Ach ja, das Alter«, sagte der Nachbar mitleidig, »das kenne ich. Man kommt ja kaum noch aus dem Sessel hoch.« Er möge nicht von sich auf andere schließen, bellte ich ihn an: »Die Knieverletzung habe ich mir beim Fußballspielen geholt. Als ich 17 war. Und Demenz wird bei mir erst einsetzen, wenn ich dein Alter erreicht habe.« Der Nachbar ist sechseinhalb Wochen älter als ich.

Noch ärgerlicher ist es, wenn die Mogule des Mitgefühls schuld an jenem Zustand sind, den sie ungefragt bemitleiden. Als ich vor Schmerz aufschrie, weil mir der große Zeh wehtat, meinte eine jüngere Bekannte scheinwissend: »Ein eingewachsener Nagel. Das fing bei meinem Opa auch mit 50 an.« Ich erklärte ihr höflich, dass mein Zeh weh täte, weil sie mit ihrem Stilettoabsatz auf ihn getreten sei, doch sie überging meinen Einwand mit einer Miene, als hätte ich eine schlüpfrige Bemerkung gemacht. Dann fragte sie ebenso hämisch wie scheinheilig, ob sich mein Magen nach dem scharfen indischen Curry Vindaloo vorige Woche wieder beruhigt habe. Ihr Großvater sei ungefähr in meinem Alter auf das milde Korma umgestiegen, riet sie mir.

In dem Augenblick klingelten ein paar nichtsahnende Kinder aus der Nachbarschaft und boten an, gegen ein kleines Entgelt das Auto zu waschen. »Der Wagen ist nicht dreckig, weil ich zu gebrechlich bin, um ihn zu waschen«, schnauzte ich die überraschten Gören an, »sondern weil er heruntergekommen aussehen soll, damit er in der Stadt nicht geklaut wird. Außerdem reicht ihr Knirpse gar nicht bis ans Autodach.« Falls sie aber doch heranreichten, müsste ich das Waschen bezahlen, meinten sie. Flugs kletterte einer auf das Auto, und zwar der mit den Fußballschuhen. Die anderen warfen ihm einen nassen Schwamm nach oben. Die Kinder leisteten saubere Arbeit. Allerdings hat das Autodach jetzt lauter kleine Dellen von den Stollen.

Selbst bei der Wahl der Kneipe muss man in meinem Alter offenbar vorsichtig sein. Gleich um die Ecke eröffnete vor zwei Wochen das Porterhouse North, ein Wirtshaus, das nicht nur sein eigenes Bier braut, sondern auch 80 verschiedene Sorten importiert. Das Durchschnittsalter der Gäste lag bei 20, bevor ich mit einem gleichaltrigen Freund den Laden betrat. Zwei junge Männer, die sich vermutlich für guterzogen hielten, boten uns ihre Stühle an. Ich lehnte dankend ab und wollte zum Tresen, als mich einer der jungen Männer am Arm packte und sanft über seine am Boden stehende Sporttasche geleitete. Nun war es mit meiner Contenance vorbei.

»Altersbedingte Cholerik«, murmelte der junge Mann und verschwand sicherheitshalber auf dem Klo. Ich pinkelte ihm in seine Sporttasche. »Altersbedingte Inkontinenz«, sagte ich entschuldigend, nachdem er zurückgekommen war und sich über seine nasse Sporttasche wunderte.

Der gläserne Trinker

Als ich die Kneipe betrete, zapft der Wirt sofort ein Guinness an. Aha, denke ich mir, er kennt die Studie von Allied Domecq. Der Schnapskonzerns hat nämlich herausgefunden, warum jemand im Wirtshaus ein bestimmtes Getränk bestellt. Das hängt von 192 möglichen Kombinationen von Umständen ab. Und die lassen sich in drei Gruppen einteilen: eine Mischung aus Alter und Geschlecht; der Ort und die Frage, ob eine warme Mahlzeit serviert wird; und schließlich der Gemütszustand des Trinkers. Ein depressiver junger Mann in Brasilien wird also etwas anderes bestellen als eine koreanische alte Frau, die gerade im Lotto gewonnen hat und einen Dackeleintopf verspeist.

Hätte es dazu eine sechs Millionen Pfund teure Studie gebraucht, für die in den USA, in Großbritannien, Brasilien und Korea mehr als 40.000 Menschen befragt wurden? Allied Domecq hat mit der Studie viel vor: Der zweitgrößte Schnapskonzern der Welt möchte offenbar zum größten werden. Zu seinen Marken gehören Ballantines Whisky, der laut Werbung »für jung und alt, für Männer und Frauen, für Gelegenheitstrinker und Genießer« geeignet ist. Genießer? Es muss »Säufer« heißen, denn sonst funktioniert das gegensätzliche Bild nicht. Jedenfalls werden jede Sekunde zwei Flaschen von dem Zeug verkauft.

Noch mehr geht von Kahlúa, der zweitgrößten Schnapsmarke der Welt, über den Ladentisch. Dieses Gesöff gibt es unter dem Motto »Drinks to go« auch als Fertigmix, zum Beispiel Kahlúa B52. Ferner gehören Allied Domecq auch der Gin Beefeater, der 1820 von einem Pharmazeuten entwickelt wurde und genau so schmeckt, der schottische Whisky Laphroaig, der besonders gut zu gebackenen Torfsoden passt, sowie der Cognac Courvoisier, den schon Napoleon getrunken haben soll – kurz vor Waterloo. Der Schnapsriese besitzt darüber hinaus die Schnellfutterkette Dunkin' Donuts.

Allied Domecq fragte sich, warum die Menschen Champagner trinken, wenn es etwas zu Feiern gibt? Ja, sollen sie etwa Kahlúa trinken? Mit der Formel »Person multipliziert mit Gelegenheit und mit Gemütszustand« will Allied Domecq Situationen identifizieren, bei denen der Konzern nicht ausreichend repräsentiert sei oder mit seinem Angebot schiefliege, heißt es in dem Bericht. Ballantines auf einem Kindergeburtstag und Eierlikör im Matrosenheim scheiden wohl aus. Darüber hinaus soll die Studie bei der Diversifizierung helfen. Pauschalreisen gen Süden könnten unter dem Malibu-Namen vermarktet werden, Luxusgüter hingegen mit Courvoisier. Und Kopfschmerztabletten mit »Beefeater«? Oder US-amerikanische Kampfflugzeuge mit dem Aufdruck »Kahlúa B52«?

Die Trinkeridentifizierungsformel scheint jedenfalls zu funktionieren. Mein Wirt muss mich kurz taxiert und dann kombiniert haben: Gut gelaunter Mann in den besten Jahren betritt Kneipe – da kommt nur ein Guinness in Frage. Vielleicht rührte seine Ahnung aber auch daher, dass ich seit zehn Jahren jeden zweiten Abend in seinem Pub verbringe und Guinness trinke.

Der Ire zeigt fremden Kühen gerne seinen Penis

Ich gehöre zu der bedrohten Minderheit, die noch Ansichtskarten verschickt. Im Zeitalter der e-mail und des Mobiltelefons ist das selten geworden. Früher musste man auf einer Ansichtskarte, die man aus dem Urlaub in Oberbayern schickte, sein Hotelzimmer mit einem kleinen Kreuz markieren, damit die Daheimgebliebenen sich vorstellen konnten, wie man wohnte. Heute macht man einfach mit dem Handy ein Foto vom Zimmer und schickt es per SMS.

Aber will man solche Nachrichten überhaupt empfangen? Ich bekam neulich gegen vier Uhr morgens eine Foto-SMS von einer Verwandten, die mit ihrem Mann auf Mallorca Urlaub machte. Der Gatte hatte sich offenbar so betrunken, dass er im Wirtshaus in die Sangria-Schale kotzte, was fotografisch dokumentiert wurde. An Schlaf war für mich danach nicht mehr zu denken. Ich hatte das Gefühl, mein Handy ströme den Geruch von Erbrochenem aus.

Hätten sie statt dessen in der Nacht eine Ansichtskarte geschrieben und am nächsten Morgen festgestellt, dass sie mit Sangria und Mageninhalt verunstaltet war, hätten sie vom Absenden dieser Scheußlichkeit vielleicht Abstand genommen. Eine SMS hingegen ist endgültig, mit einem Knopfdruck ist der Ruf auf unabsehbare Zeit ruiniert. Deshalb schreibe ich lieber Karten.

Was der irische Markt zu bieten hat, lässt die Absender jedoch auch in keinem günstigen Licht erscheinen. Welches Schicksal, so fragt sich der Empfänger, hat den Kartenschreiber ins Land der garstigen Gartenzwerge, der Leprechauns, verschlagen? Nichts gegen Klischees, aber ein bisschen mehr Phantasie hätte es schon sein dürfen. Die Schafe in den Nationalfarben grün-weiß-orange, daneben ein Zwerg, und der Text »Proud to be Irish« sind nicht sonderlich originell.

Das Foto eines Autos, das in einer Schafherde feststeckt, hat seit 25 Jahren die Bildunterschrift: »Berufsverkehr in Irland«. Und was schreibt man auf eine Postkarte, auf der ein alter Mann mit Gummistiefeln und Tweedmütze seinen Regenmantel vor einer Herde Kühe öffnet? »Der Ire zeigt fremden Kühen gerne seinen Penis.« Das ist nicht viel besser als ein Foto eines in die Sangria brechenden Mannes.

Früher, in den fünfziger Jahren, gab es in Irland nur Postkarten von dem Fotografen John Hinde. Auch damals waren meist Schafe und Esel abgebildet – oder Kinder mit roten Haaren und eben solchen Gesichtern, die wegen der Nachkolorierung aussahen, als stünden sie kurz vor dem Tod durch Bluthochdruck. Diese Karten hatten ja wenigstens noch Charme.

Heutzutage erscheinen die Einheimischen auf den »humorous cards« als trunksüchtige Trottel und hinterwäldlerische Kobolde. Die Leprechauns gibt es auch als Computervirus. Wer ihn herunterlädt, erhält ein Bild von einem kleinen Männchen mit rotem Bart, grüner Mütze mit Kleeblatt, der irre blickend ein großes Bier schwenkt. Man erfährt, dass man sich soeben einen irischen Virus eingefangen hat. »Da wir in Irland technologisch noch nicht besonders weit entwikkelt sind, handelt es sich um einen manuellen Virus«, heißt es weiter. »Bitte lösche sämtliche Dateien auf deiner Festplatte und sende diese Mail an alle Personen, die du kennst.«

Beherzte Basken bekämpfen Bodega

Schlägereien sind in der Dubliner Innenstadt an der Tagesordnung, vor allem an den Wochenenden. Meist ist Alkohol mit im Spiel, manchmal auch Drogen, aber niemals Politik. Jedenfalls bis die Basken kamen. Eine Gruppe von 40 Sympathisanten der baskischen Separatisten-Organisation ETA waren auf Einladung befreundeter irischer Organisationen nach Dublin gekommen.

In der Fußgängerzone der irischen Hauptstadt verteilten sie Flugblätter, um auf ihre Unterdrückung durch den spanischen Staat aufmerksam zu machen. Als sie sich danach in Temple Bar, dem Dubliner Vergnügungsviertel, für ein Erinnerungsfoto versammelten, entdeckte einer von ihnen plötzlich ein spanisches Restaurant: »La Paloma«. Aus dem Laden drang laute spanische Musik, vor der Eingangstür flatterte provokant die Fahne der spanischen Fußball-Nationalmannschaft.

Das war zuviel für die Basken. Sie fielen über das Restaurant her, zerrissen die Fahne und demolierten die Neonbeleuchtung. Dabei hätten die Iren weitaus mehr Grund gehabt, die Fußballflagge zu beseitigen, wurden sie bei der Weltmeisterschaft 2002 in Japan und Südkorea doch von den spanischen Fußballern nach Elfmeterschießen besiegt. Die Basken hatten jedoch nicht Fußball im Sinn, als sie die feindliche Fütterungsstelle attackierten.

Als der Sohn des Besitzers herauskam und beteuerte, dass lediglich das Essen spanisch, Besitzer und Angestellte jedoch durch und durch irisch seien, wurde er von den Unabhängigkeitskämpfern mit zwei blauen

Augen ins Restaurant zurückgeschickt. Sein Vater hatte inzwischen die Polizei alarmiert, die einen einzigen Beamten entsandte. Er war überrascht, dass man seine Frage nach der Ursache für den Unmut mit ein paar Fausthieben beantwortete, und forderte sicherheitshalber Verstärkung an.

Als die Kollegen eintrafen, entwickelte sich im Handumdrehen eine zünftige Keilerei – sehr zur Freude einer englischen »Stag Party«. So nennt man den Abschied vom Junggesellenleben. Bei diesen Feiern fallen jedes Wochenende hunderte von jungen Engländern in Dublin ein und trinken soviel Alkohol, wie es die Zeit zulässt. Meistens prügeln sie sich danach untereinander, so dass eine exotische Schlacht zwischen Basken und irischen Polizisten, bei der man mitmischen konnte, eine willkommene Abwechslung war. Der Kampf verlagerte sich auf die Ha'penny Bridge, eine schmale, gusseiserne Fußgängerbrücke über den Fluss Liffey, von der es kein Entkommen gab. Erst als es der Polizei gelang, drei Basken festzunehmen, löste sich die multinationale Veranstaltung auf.

Am Ende schwammen Dutzende Polizeimützen und baskische Fahnen in der Liffey und trieben vereint dem Meer entgegen. Vielleicht werden sie irgendwann im Baskenland angeschwemmt, wo sie einen Ehrenplatz im Trophäenschrank erhalten werden, wenn das Baskenland eines Tages unabhängig ist. Dann wird der beherzte Einsatz der 40 Genossen in Dublin als Meilenstein im Kampf für die Freiheit in die Geschichtsbücher eingehen. Jedenfalls in die baskischen.

Einen Biffo erkennt man am OY

Niemanden fürchten Dublins Autofahrer mehr als einen Biffo. Man erkennt ihn am OY. Das ist das Autokennzeichen von Offaly, einer Grafschaft südwestlich der irischen Hauptstadt. Sobald die Hauptstädter die gefürchteten beiden Buchstaben entdecken, fahren sie an den Straßenrand.

Ein Bekannter von mir hatte nicht mit der Gefahr von hinterrücks gerechnet: Er befand sich am hellichten Tag bei glasklarer Sicht auf einer breiten Dubliner Straße, als ihm ein Biffo hinten hineinfuhr. Der Täter verteidigte sich vor Gericht mit dem Argument, er habe fünf Kinder, und alle saßen auf dem Rücksitz. Weil sie stritten, musste er sich umdrehen, um ein paar Ohrfeigen zu verteilen. Nachdem die Kinder ruhiggestellt waren und er wieder nach vorne schaute, konnte er nicht mehr rechtzeitig bremsen. Der Richter, der ebenfalls aus Offaly stammte und Vater von vier Kindern war, hatte vollstes Verständnis und sprach seinen Landsmann frei. Ein Biffo hackt dem anderen kein Auge aus, und in der Großstadt müssen sie erst recht zusammenhalten.

Auch auf freier Wildbahn ist der Biffo nicht ungefährlich. In Doolin, einem kleinen Ort an der irischen Westküste, gibt es einen riesigen Parkplatz am Strand, denn im Sommer wimmelt es dort nur so von Touristen. Im Winter ist dagegen nicht viel los. Mein Freund Gerry, ein Naturmensch, wollte einen winterlichen Strandspaziergang machen und stellte sein Auto vorschriftsmäßig ab. Ein weiterer Wagen stand, hundertfünfzig Meter entfernt, am gegenüberliegenden Ende des Parkplatzes. Mit einer Mischung aus Faszination und Entsetzen beobachtete Gerry von der Düne aus, wie der andere Wagen rückwärts über den gesamten Parkplatz raste und sein Auto rammte. Aus der Entfernung konnte Gerry das Nummernschild zwar nicht erkennen, aber er ahnte, dass »OY« darauf stand.

Manche Touristen wissen nicht, dass es ratsam ist, Offaly weiträumig zu umfahren. Ein Holländer wollte gerade einen Traktor überholen, als der Bauer aus heiterem Himmel rechts in seinen Hof einbog. Der Tourist rammte ihn seitwärts, der Sachschaden war erheblich. Der Bauer erklärte vor Gericht, dass der Autofahrer selbst schuld war: »Jedes Kind weiß, dass ich dort wohne.«

Am schlimmsten sind die Lastwagenfahrer aus Offaly. Ich war neulich nach Newgrange unterwegs, jenem 5.000 Jahre alten Megalithgrab, als ich einem Biffo begegnete, der sich offenbar vorgenommen hatte, mich schnurstracks ins Grab, allerdings nicht in ein megalithisches, zu bringen. Er kannte Steven Spielbergs Film »Das Duell«, das wurde mir schnell klar. Auf einem unübersichtlichen Abschnitt der Landstraße winkte er mich vorbei. Kaum hatte ich zum Überholen angesetzt, kam mir ein Lieferwagen entgegen, dem ich nur knapp ausweichen konnte. Beim meinem nächsten Überholmanöver zog der Biffo-Laster einfach nach rechts, so dass ich fast im Graben gelandet wäre.

Ich beschloss, im nächsten Pub eine Pause einzulegen, denn anders als bei Spielbergs Film, wo der Autofahrer gewann, hatte ich es mit einem Biffo zu tun.

Biffo ist übrigens die amtliche Abkürzung für »Big Ignorant Fucker From Offaly«.

Der Tod im Katzenkillerhaus

Manche Leute haben einen solchen Verschleiß an Katzen, dass man sich fragt, warum die überlebenden Tiere nicht türmen, bevor es zu spät ist. Jack und Annie, unsere Nachbarn, haben vier Kinder und vier Katzen – jedenfalls theoretisch. In der Praxis schwankt die Zahl der Miezen.

Die schönste war Blofeld, die so hieß, weil sie schneeweiße lange Haare hatte wie die Katze des gleichnamigen Bösewichts aus einem James-Bond-Film. Leider war sie nicht so gerissen wie der Schurke. Sie geriet unter ein Auto, und es war nicht mal der Aston Martin DB5 des Geheimagenten. Ihre Nachfolgerin hieß Smoggy. Sie war grau und konnte sich deshalb besser anschleichen als Blofeld, die sogar nachts geleuchtet hatte. Smoggy ging gern in fremden Gärten auf Mäusejagd, doch in einem dieser Gärten lebte ein Hund, der gern auf Katzenjagd ging. Er zerzauste Smoggy, die schwerverletzt in einen Dornenbusch flüchtete.

Der Hundebesitzer wollte sie retten, doch die Katze verstand das falsch und wehrte sich mit Zähnen und Klauen, bevor sie verschied. Der Hundebesitzer sah aus, als ob er bei einer Messerstecherei den Kürzeren gezogen hatte und musste ins Krankenhaus eingeliefert werden. Aus lauter Wut darüber ließ er seinen Hund einschläfern.

Kurz darauf lief Jack und Annie ein gestreifter Kater zu, was der schnell bereute. Sie tauften ihn Godzilla, aber das nützte ihm nichts: Statt Angst und Schrecken zu verbreiten, wie sein gewaltiger Namensvetter, wurde er von einer Infektion dahingerafft. Nur Baggy, die Originalnachbarskatze, schaffte es, an Altersschwäche einzugehen. Jedenfalls nimmt man das an. Als sie 15 Jahre alt war, verschwand sie eines nachts für immer. Vielleicht hatte sie auch nur genug von dem Grauen.

Als Ersatz besorgten Jack und Annie ein sechs Wochen altes Kätzchen, das sie Kurkuma nannten, weil es die Farbe des Gewürzes hatte. Sie hätten das Tier »Blutorange« taufen sollen, denn es überlebte nicht mal eine Woche im Katzenkillerhaus. Eines Abends kam Jack von einer Hochzeitsparty angetrunken nach Hause. In der Nacht bekam er Durst, ging die Treppe hinab zur Küche und trat auf Kurkuma, die am Fuß der Treppe ein Nickerchen gemacht hatte. Am nächsten Morgen wurde das nächste Opfer herbeigeschafft.

Aber Schweppes roch den Braten offenbar. Nach vier Wochen war die Katze spurlos verschwunden. Als sie auch 14 Tage später nicht wieder aufgetaucht war, buchten Jack und Annie das Tier auf der langen Liste der Verluste ab und holten eine neue Mieze. Da tauchte Schweppes plötzlich wieder auf. Nun hatten Jack und Annie fünf Katzen, doch dabei blieb es nicht sehr lange. Vor acht Tagen kehrten die Nachbarn von einem Wochenendausflug zurück und mussten entsetzt feststellen, dass die Waschmaschine ein Leck hatte. Das neue Kätzchen war ertrunken. Da waren es nur noch vier. Jack wuchtete die Waschmaschine auf die Arbeitsplatte, um das Leck zu reparieren, aber für eine solche Last war die Platte nicht stabil genug: Die Waschmaschine stürzte ab und erschlug Schweppes. Da waren es nur noch drei.

Annie will sich um Nachschub kümmern. Im Tierheim ist man aber misstrauisch geworden.

Brand im Nichtraucherhaus

Der Anruf traf Mary auf ihrer Arbeitsstelle in der Dubliner Innenstadt wie ein Schlag. »Aus deinem Haus dringt dichter Rauch«, sagte die Nachbarin. »Ich habe bereits die Feuerwehr verständigt.« Mary eilte zu ihrem Auto. »Der Hammeleintopf«, schoss es ihr durch den Kopf. »Ich habe den Herd nicht ausgeschaltet.« Als sie endlich zu Hause war, standen zwei Löschzüge, ein

Krankenwagen und die Nachbarin mit einem doppelten Cognac vor der Tür.

»Sind sie sicher«, fragte der Oberlöscher, »dass niemand im Haus ist?« Höchstens ein Einbrecher, meinte Mary, nippte an dem Cognac und beobachtete fasziniert die schwarzen Rauchschwaden, die aus dem strikten Nichtraucherhaus drangen. Der Feuerwehrmann wollte wissen, ob Mary Esoterikerin sei. »Na, erlauben sie mal«, antwortete Mary empört, als ob der Uniformierte ihr gerade schweren Alkoholismus unterstellt hätte. »Wie kommen sie denn darauf?«

Esoteriker seien schuld daran, dass die Zahl der Hausbrände in letzter Zeit dramatisch gestiegen sei, erklärte der behelmte Beamte: »Sie zünden Kerzen an, brennen Räucherstäbchen ab und verbrennen irgendwelche Öle bei ihrer Aromatherapie.« 62 Menschen sind im Jahr 2001 in Irland verbrannt, das ist fast ein Viertel mehr als im Vorjahr. Matt McCormack, der stellvertretende Oberbrandmeister, warnt: »Wenn man eine Kerze neben einer Gardine anzündet, kann das zu einem Feuer führen.« Das ist eine wichtige Erkenntnis. Viele wissen vielleicht auch nicht, dass man auf dem synthetischen Flokati im Wohnzimmer kein Lagerfeuer entfachen darf. Und Feuerschlucker sollten nicht in einem Dynamitlager üben.

Der Feuerexperte Patrick Shanahan rät allen irischen Haushalten, Sprinkleranlagen zu installieren. Die Zahl der Verletzten würde dadurch um 55 Prozent, die der Toten gar um 72 Prozent sinken, meint er. Wenn man dazu noch einen Rauchmelder installiert, könnten sogar die Esoteriker gerettet werden. Shanahan verlangt, dass die irische Regierung gesetzlich vorschreibt, in neue Häuser Sprinkleranlagen einzubauen. Das könnte ihm so passen. Shanahan ist Eigentümer von »Residential Firesprinklers Ireland«, es ist die einzige Firma auf der Grünen Insel, die solche Anlagen in Privathäuser einbaut – für 3.800 Euro pro

Stück. Außerdem gehört Shanahan dem britischen Sprinklerverband an. Für was die Leute alles Verbände gründen.

Mary hatte sich inzwischen den zweiten doppelten Cognac genehmigt und saß kichernd in ihrem Auto. Die Nachbarin tippte auf schweren Schock gepaart mit Trunkenheit, doch Mary sagte: »Ich stelle mir gerade das blöde Gesicht von meinem Mann vor, wenn ich ihm sage, dass ich unser Haus abgebrannt habe.« Die beiden Frauen bogen sich vor Lachen, was die Feuerwehrmänner, die gerade beherzt ins Haus stürmen wollten, etwas irritierte. Nach ein paar Minuten kamen sie wieder heraus: Der Topf sei nicht mehr zu gebrauchen, der Eintopf ungenießbar, aber sonst sei nichts passiert. Es wird Wochen dauern, bis der Gestank in dem Haus, in dem noch nie jemand rauchen durfte, verflogen ist. Das gönne ich ihnen.

Hotelgäste sind potentielle Verbrecher

Haben Sie sich schon mal einhändig gewaschen? In britischen Hotels der unteren Preisklasse – die immer noch fünfzig Euro kosten – ist das notwendig, denn die Besitzer misstrauen ihren Gästen zutiefst. So gibt es keine herkömmlichen Wasserhähne, sondern Knöpfe, auf die man kräftig drücken muss, damit das Wasser läuft. Lässt man los, versiegt das Wasser. So muss man mit einer Hand den Knopf festhalten und mit der anderen Wasser schöpfen. Glauben die Hoteliers, dass ihre Gäste sonst das Wasser Tag und Nacht laufen lassen?

Auch sonst trauen sie den Reisenden offenbar jede Schlechtigkeit zu. Mein Hotel in Liverpool verlangte Vorauszahlung. Für jedes Bier, das auf die Hotelrechnung sollte, musste ich unterschreiben und meinen Ausweis vorzeigen. Im Zimmer war alles doppelt gesichert, was nicht niet- und nagelfest war: Lampen, Bilderrahmen, Kofferablage, Fernseher. Die Fernbedienung war mit einem Spiralkabel an den Bettpfosten montiert. Da die Batterien schon recht schwach waren, musste ich das Kabel fast bis zum Zerreißen dehnen, um möglichst nah an den Fernseher zu gelangen.

Die Bügel im Schrank waren an der Stange festgeschweißt, so dass man sie nur entwenden könnte, wenn man den Einbauschreibtisch entfernen und den Schrank zerlegte. Selbst die Nachttischchen waren am Bett angeschraubt. Gibt es tatsächlich Menschen, die Nachttische aus Hotels entwenden? Eine Klobürste lässt sich allerdings nicht festschrauben, weil sie dann ihren Zweck nicht mehr erfüllen könnte. So gab es vorsichtshalber gar keine. Nur die Bibel lag lose herum. Wer sich dafür interessiert, beachtet vermutlich auch die zehn Gebote und klaut nicht.

Weil nur noch Doppelzimmer frei waren, ich aber alleine reiste, kam eine Angestellte auf das Zimmer und nahm mir jeweils einen Teebeutel, eine Kaffeeportion, einen Begrüßungskeks, ein Stück Seife und die Hälfte der Handtücher wieder weg. Damit ich mich mit der anderen Hälfte nicht aus dem Staub machte, stürzte die Angestellte morgens um acht mit einem Nachschlüssel in mein Zimmer und verlangte die Herausgabe der Handtücher. Ach, ich sei noch gar nicht gewaschen? Sie würde in einer halben Stunde noch mal nach den Handtüchern sehen.

Tassen und Löffel waren aus Plastik, die Schreibtischunterlage aus Papier. Und wann geheizt wurde, bestimmte der Hotelier: Der wie die Kronjuwelen geschützte Heizlüfter lief über einen separaten Stromkreis, dem man von der Rezeption aus den Saft abdrehen konnte. Ab Mitternacht haben die Gäste eben im Bett zu sein.

In einem Hotel in Wales hatte man sogar das Telefon gesichert. Der Stecker war hinter dem Bett mit zehn Streifen Leukoplast an der Dose festgeklebt, daneben ein handgeschriebenes Schild: »Hände weg vom Stekker!« In Inverness dagegen, wo in meiner Dachkammer auch alles hochgesichert war, gab es kein Telefon auf dem Zimmer. Aber ich habe den Hotelier dennoch ausgetrickst: Der Münzapparat in der Lobby war nämlich mit einem ganz normalen Telefonstecker ans Netz angeschlossen. Nachts um zwei, als alles schlief, schlich ich mich mit meinem Computer nach unten, stöpselte mein Modem in die Münztelefondose und surfte bis zum Morgengrauen im Internet.

Der geschätzte Busfahrplan

Das japanische Ehepaar verstand die Welt des öffentlichen irischen Nahverkehrs nicht mehr. Die beiden hatten mit ihrer fast erwachsenen Tochter an der Bushaltestelle vor Dublins Glasnevin-Friedhof gewartet und den Fahrplan studiert. Da der Bus erst in einer Viertelstunde kommen sollte, waren sie eine Haltestelle in Fahrtrichtung weiter gelaufen, um sich die Zeit zu vertreiben. Nun schauten sie erneut auf den Fahrplan und stellten fest, dass der Bus noch immer eine Viertelstunde auf sich warten lassen würde.

Der Japaner tippte mit seinem Zeigefinger auf das Dokument mit seinen Zahlenkolumnen, das elegant in einem Plastikgehäuse an der Haltestelle befestigt war, und redete mit einer Miene, die höchste Verwunderung ausdrückte, auf seine Frau ein. Unter den Iren, die ebenfalls auf den Bus warteten, machte sich langsam Heiterkeit breit.

Schließlich erbarmte sich einer und fragte die Touristen aus Fernost, ob er ihnen helfen könne. Wie es denn sein könne, fragte der Japaner in ziemlich gutem Englisch, dass der Bus zur selben Zeit an dieser sowie an der vorigen Haltestelle erwartet würde? Nun war der Ire verwundert, denn er hatte noch nie jemanden getroffen, der den Fahrplan ernst genommen hatte. Als vor ein paar Jahren zum ersten Mal Pläne aufgehängt wurden, schlug eine Tageszeitung sie umgehend für einen Literaturpreis in der Kategorie »Science Fiction« vor.

Das versuchte der Ire nun, dem Japaner zu erklären. Der mutmaßte jedoch, dass es sich um ein Versehen handeln müsse, wenn an zwei verschiedenen Haltestellen identische Fahrpläne hingen. Aber nein, entgegnete der Ire, die Pläne sind an sämtlichen Haltestellen der Busroute identisch. Sie geben nämlich nicht die Ankunftszeit der Busse an, sondern den Moment, wenn sie theoretisch das Depot verlassen. Die Passagiere müssen sich selbst ausrechnen, wann der Bus eintreffen würde. Und wie lange, wollte der Japaner wissen, braucht der Bus vom Depot bis hier? Zwischen 70 und 120 Minuten, antwortete der Ire, es komme ganz auf den Verkehr an. Aber dann seien die Fahrpläne ja vollkommen nutzlos, meinte der Japaner. »Eben«, sagte der Ire.

Diesmal kam aber eine Stunde lang überhaupt kein Bus, obwohl laut Fahrplan in diesem Zeitraum fünf Stück vom Depot losgefahren waren. Als endlich doch einer kam, hatte der Fahrer schlechte Laune, weil sein Arbeitsgerät hoffnungslos überfüllt war und er an jeder Haltestelle endlos kassieren musste. Früher gab es noch Schaffner, die das erledigten. Ein Bekannter von mir hat diesen Job einen Monat lang gemacht. Dann wurde er entlassen, weil er keinen einzigen Penny eingenommen hatte. Er hatte statt dessen den Fahrgästen erklärt, dass die Fahrpreise viel zu hoch seien. Bei seiner letzten Fahrt war er unglücklicherweise an einen Businspektor geraten, der seine Meinung nicht teilte.

Die Japaner hatten sich nun in den Bus gezwängt, und eine ältere Dame wollte vom Fahrer wissen, was aus den anderen vier Bussen geworden sei, die laut Fahrplan in der vergangenen Stunde auftauchen sollten. »Aber Mädchen«, meinte der Busfahrer, »das sind doch nur Schätzungen!«

Das Bullenquartett von Liverpool

Der Streifenpolizist in der Innenstadt von Liverpool fürchtet um sein Leben: Eine Horde von Kindern, alle unter zehn Jahre alt, ist hinter ihm her. Er biegt in die Mathew Street ein, rennt am Cavern Club vorbei, wo die Beatles früher aufgetreten sind, und schlägt an der nächsten Ecke einen Haken. Es nützt nichts, die Kinder holen ihn ein. »Ich habe keine Karten mehr«, ruft der nach Luft ringende Beamte verzweifelt, »ich habe die letzten gerade vor der Schule weggegeben.« Und dann verflucht er den Polizeipräsidenten von Liverpool.

Der hatte nämlich eine großartige Idee. Ihm fiel auf, dass seine Streifenbeamten bei Kindern recht unbeliebt waren. Die Pokémon-Figuren sind dagegen überaus beliebt. Im Laden geben die Kinder ihre letzten Pennies für die Sammelkarten aus.

Also ließ er die Fotos von den 18 Beamten, die in der Innenstadt Streifendienst haben, mitsamt ihrem Namen, Dienstgrad und königlichem Wappen auf Kärtchen drucken. Jede »Copcard«, wie die Dinger heißen, hat eine Nummer. Am wertvollsten ist die Nummer 1, die »Top Copcard«, weil der Boss, Chief Constable Norman Bettison, nicht so oft auf Streife geht. Auf der Rückseite jeder Karte ist einer der sechs Innenstadtbezirke abgebildet. Die Kinder müssen ein komplettes Set sammeln und die Bezirke korrekt identifizieren. Dann bekommen sie einen Preis. Eine Freifahrt in einer Wanne vielleicht?

In Bristol ist die Polizei noch nicht so weit mit der Öffentlichkeitsarbeit. Dort gibt es eine Markthalle, in der die Zeit stehen geblieben ist, und zwar in den siebziger Jahren: Stände mit Räucherstäbchen und gebrauchten Vinyl-Scheiben, selbstgebasteltem Schmuck und Tofu-Vollkornburgern. Eine angenehme Dope-Wolke durchzieht die Halle, und als ich gutgelaunt wieder auf die Straße trete, kommt neben mir ein Streifenwagen mit quietschenden Reifen zum Stehen.

Ein Polizist und eine Polizistin springen heraus und halten mich am Ärmel fest. Ob ich um fünf Uhr nachmittags schon etwas vorhabe, wollen sie wissen. Ich frage im Gegenzug nach ihren Copcards für mein Bullenquartett. Leider kennen sie die Charme-Offensive ihrer Liverpooler Kollegen nicht und bezichtigen mich der Trunkenheit. Ich solle mich aber dennoch um fünf

Uhr auf dem Revier melden, um an einer Identitätsparade teilzunehmen. Sie wollen einen Gangster überführen, der mir ähnlich sehe. Um Himmels willen, entgegne ich. Was wäre, wenn die Zeugen mich bei der Gegenüberstellung identifizierten? Ich hätte doch bestimmt ein lupenreines Alibi, meint die Polizistin. Mir fallen die »Birmingham Six« und die »Guildford Four« ein, die ebenfalls lupenreine Alibis hatten und 17 Jahre unschuldig hinter englischen Gittern saßen. Ich will nicht der »Bristol One« werden und erkläre den Beamten, dass ich aus religiösen Gründen nicht an ihrer Show teilnehmen könne. Statt dessen empfehle ich ihnen die Taktik ihrer Liverpooler Kollegen. Als Preis für ein komplettes Set von Copcards könnten sie ja die Teilnahme an einer Identitätsparade ausschreiben.

English is crazy

In der Europäischen Union benutzt man ein Zahlungsmittel, von dem es keinen Plural gibt: Der Euro heißt auch in der Mehrzahl Euro, so hat es eine Direktive aus Brüssel festgelegt. Auch der Cent bleibt Cent, selbst wenn er zu zweit ist. »Besonders blödsinnig ist das«, monierten zahlreiche englische Experten, »wenn man den Euro mit der US-Währung vergleicht, bei der es sehr wohl einen Plural gibt: Fünf Cents sind ungefähr vier Cent wert.«

Warum regen sie sich eigentlich auf? Zum einen haben sie nach wie vor ihr Pfund, das einen schönen Plural hat, zum anderen macht der Plural im Englischen ohnehin, was er will. Fisch ist Fisch, auch wenn es sich um einen ganzen Schwarm handelt. Auch Kabeljau und Lachs, Heilbutt, Hecht und Hai sind wie der

Euro zur Einzahl verdammt. Die englische Sprache gesteht lediglich Krabbe, Hummer und Aal einen Plural zu. »Wenn es Beine hat oder sich schlängelt, erhält es den konventionellen Plural«, mutmaßt der irische Kolumnist Kevin Myers.

Aber was ist in der englischen Sprache schon ein konventioneller Plural? Im Obstkorb befindet sich lediglich »fruit«, auch wenn es eine ganze Obstplantage ist. Geht es dagegen um den Ertrag der Arbeit, ist »fruits of labour« plötzlich erlaubt. Und was ist mit den Worten, bei denen der Singular mehr ist als der Plural? »Grass« zum Beispiel ist eine ganze Wiese, mit »grasses« sind dagegen einzelne Gräser gemeint. Dasselbe gilt für Haare. Bei dem Musical »Hair«, das die Älteren unter Ihnen noch kennen werden, ging es schließlich nicht um ein einzelnes Haar. Mit Haar und Gras halten es die Deutschen freilich ähnlich. Die Engländer setzen noch eins drauf: »Straw« ist das Bett, auf dem die Pferde schlafen, wohingegen »straws« die Halme sind, durch die man das dünne englische Bier trinkt, damit es etwas Wirkung zeigt.

Kompliziert wird es bei der Verwandtschaft. Schwiegersöhne heißen »son-in-laws«, aber Schwiegermütter »mothers-in-law«. Es gibt Worte, die nur im Plural auftreten. »Scissors« heißt es auch dann, wenn nur eine klitzekleine Nagelschere gemeint ist. Und dann ist da noch der altmodische Plural, der Generationen von ausländischen Schulkindern in den Wahnsinn getrieben hat, weil er keiner Regel folgt: »Foot« wird zu »feet«, aber »boot« noch lange nicht zu »beet«. Das ist nämlich eine Runkelrübe und kein Stiefel.

Pete Seeger, der geniale US-amerikanische Sänger, hat die Idiotie der englischen Sprache besungen. In seinem Lied »English is crazy« wundert er sich unter anderem, dass eine Ananas, also »pineapple«, weder »pine« noch »apple« enthalte, und dass man in einem »parkway« fahren und in einem »driveway« parken soll. George Bernard Shaw, der Dubliner Literaturnobelpreisträger, fand das Englische so ulkig, dass er »Ghoti« schrieb, wenn er den plurallosen »Fish« meinte. Er erklärte es einleuchtend: »F« wie in »laugh«, »i« wie in »women«, »sh« wie in »nation«.

Warum soll sich also ausgerechnet der Euro an irgendwelche Regeln halten? Was die Engländer offenbar wurmt, ist die Tatsache, dass sie in diesem Fall das sprachliche Chaos nicht selbst angerichtet haben, sondern es ihnen von Brüssel verordnet wurde. Dabei hat »Chaos« ja nicht mal einen Plural.

Rennfrettchen und warmes Bier

Der Engländer hat ulkige Hobbys: warmes Bier und kleine Tiere. Besonders froh ist er, wenn er beides kombinieren kann. Im New Inn, einer plüschigen Eckkneipe in Molesey in der Grafschaft Surrey, veranstaltet der »Friendly Ferret Club« Frettchenrennen. Ein Club für freundliche Frettchen? Die Tiere, die wie in die Länge gezogene, blonde Ratten aussehen, sind alles andere als freundlich, sie sind bissig wie ein Pitbull. Bei englischen Jungen gilt es als Mutprobe, ein Frettchen innen am Hosenbein hochkrabbeln zu lassen.

Vor dem Pub ist ein Tierkrankenwagen geparkt. Befürchtet der Rennveranstalter, dass die mit warmem Bier gefüllten Gäste über die Frettchen herfallen könnten? In der Kneipe hat man die Tische zur Seite geräumt und vier Drahtkäfige aufgebaut. Von den Käfigen führen schmale Plastikröhren zum fünf Meter entfernten Zielkäfig. An zwei Stellen sind die Röhren durch Maschendraht unterbrochen, damit man den Rennverlauf beobachten und die Tiere anfeuern kann. Der Engländer wettet nämlich auch gerne: An der Ziellinie steht der Totalisator, bei dem man auf rot, grün, blau oder gelb setzen kann. Das sind nicht die Farben der Frettchen, sondern der Plastikröhren.

Rodney setzt auf rot: »Micky's Magic Mover«. Weil die rote Röhre dem offenen Fenster am nächsten ist, habe er wegen der Frischluft einen Vorteil, vermutet Rodney. Die meisten anderen setzen auf »Pay Cash« in der blauen Röhre, denn das ist die Farbe des Fußballvereins FC Chelsea, der hier sehr populär ist. Nachdem sich alle mit Wettscheinen und warmem Bier versorgt hat, kündigt der Schiedsrichter über ein schnarrendes Lautsprechersystem das erste Rennen an. Das Publikum drängelt sich um den Parcours, der mit Fotos der possierlichen Beißer dekoriert ist.

Die Frettchenbesitzer sind leicht zu erkennen: Sie haben völlig zerkratzte Unterarme. Nun tragen sie ihre scharfzähnigen Fellbeutel zu den Startkäfigen und stecken sie mit den Köpfen in die Röhren, halten sie jedoch an den Hinterbeinen fest, damit es keinen Fehlstart gibt. Auf das Startkommando lassen sie die Beine los, die Tiere verschwinden in den Röhren. Schließlich taucht »Micky's Magic Mover« am ersten Maschendrahtfenster auf, von den anderen drei Rennfrettchen keine Spur. Rodney verschüttet vor Aufregung sein warmes Bier.

Doch seine Vorfreude schlägt schnell in Entsetzen um: Micky ist ein neugieriges Frettchen. Es bleibt einfach stehen und schaut aus dem Drahtfenster, bis auch die anderen drei Rennteilnehmer die erste Etappe hinter sich gebracht haben. Rodney wirft mit einem Bierdeckel nach Micky, was verboten ist, aber wirkt. Der blonde Nager trabt in Richtung Ziel, kommt freilich nur bis zum zweiten Drahtfenster, wo er wieder

Pause macht, bis ihn seine drei Konkurrenten eingeholt haben. Rodney verliert die Geduld und versucht, das Geräusch eines Wiesels, des Erzfeindes der Frettchen, nachzuahmen, woraufhin alle vier Teilnehmer in der Röhre verschwinden. Micky steckt als erster den Kopf in den Zielkäfig, verharrt jedoch so lange, bis der »Hampton Flyer« aus der gelben Röhre geschossen kommt und gewinnt, weil das Frettchen in vollem Umfang die Ziellinie überschritten haben muss. Rodney versucht, »Micky's Magic Mover« im warmen Bier zu ertränken.

Sind Sie taub oder gelähmt?

Eine Flugreise ist eine feine Sache, wenn man die Zeit dafür hat. Im Jahr 2000 betrugen die Verspätungen im europäischen Flugverkehr rund 40 Millionen Minuten – das sind 75 Jahre. Besonders alt kann man auf dem Londoner Flughafen Heathrow werden. Dort war pünktlich zum Ferienbeginn der Computer der Flugkontrolle ausgefallen, Flüge wurden gestrichen, und wer schon in der Luft war, musste stundenlang über der englischen Hauptstadt kreisen. Endlich gelandet, ging das missvergnügliche Reiseerlebnis weiter, denn in Heathrow muss man gut zu Fuß sein. Ein boshafter Architekt hat dafür gesorgt, dass Ticketschalter, Flugsteig und Gepäckausgabe so weit wie möglich voneinander entfernt liegen.

Mit dem Schiff kommt man schneller ans Ziel, wenn man zwischen England und Irland pendelt. Die Zeit vergeht wie im Fluge, zumal sich die Reederei »Irish

Ferries« einen hübschen Zeitvertreib ausgedacht hat: Die Passagiere sollen einen Fragebogen ausfüllen und können dabei eine Freifahrt gewinnen. Allerdings muss man sich mit dem Ausfüllen beeilen, sonst wird man nicht fertig, bis das Schiff anlegt, denn der Fragebogen hat es in sich.

Es gibt mehr als 60 Fragen, die in zahllose Unterfragen eingeteilt sind. Kaufen Sie amerikanischen Whiskey? Rufen Sie manchmal im Ausland an? Lesen Sie Liebesromane? Möchten Sie Ihre Bank wechseln? Was ist Ihr Beruf? Wieviel verdienen Sie? Wann ist die nächste Beitragszahlung für Ihre private Krankenversicherung fällig? Haben Sie oder ein Familienmitglied Asthma, Diabetes oder Heuschnupfen, sind Sie taub oder gelähmt? Möchten Sie professionelle Hilfe, um

Ihre Finanzen in Ordnung zu bringen? Hat die Reederei einen Knall?

Welche Zigarettenmarke man rauche, und welche die Partnerin bevorzuge, will »Irish Ferries« wissen. Beantwortet man die Frage gewissenhaft, muss man unterschreiben, dass man über 18 Jahre alt ist. Auch von der Partnerin wird die Unterschrift verlangt. Und wenn man gerade alleine reist und die Partnerin nicht unterschreiben kann? Muss sie dann mit einem Besuch der Gesundheitspolizei oder des Jugendamtes rechnen?

Engländer kann so ein Fragebogen freilich nicht schrecken, sie sind eine Nation der Formblattausfüller. Sie beantworten jedes Jahr 38 Millionen Fragebögen von Marktforschungsinstituten, stellen 49 Millionen schriftliche Anträge und füllen 54 Millionen Gutscheine für Preisnachlässe in Supermärkten aus. Datenschutz ist ihnen schnuppe: 80 Prozent der Briten finden, dass man ein paar persönliche Informationen herausrücken muss, will man das Waschpulver einen Penny billiger haben.

Heathrow wäre ein Paradies für Marktforscher. Die Fragebögen würden ihnen von den 75 Jahre verspäteten Fluggästen, die nichts mit ihrer Wartezeit anzufangen wissen, aus der Hand gerissen. Als Preis sollte man eine Schiffspassage mit »Irish Ferries« ausschreiben. Auf der Fähre könnten die Gewinner dann bei der Umfrage der Reederei mitmachen, und wer Glück hat und immer wieder gewinnt, kann den Rest seines Lebens kostenlos zwischen England und Irland pendeln und dabei nach Herzenslust Fragebögen ausfüllen.

Unterwegs als Luftpirat

In Krisenzeiten muss man besonders vorsichtig sein. Der Sicherheitsbeamte auf dem Frankfurter Flughafen war sich seiner verantwortungsvollen Aufgabe bewusst, und er meisterte die Herausforderung mit Bravur. Der achtjährige Junge und das zehnjährige Mädchen, die vor mir durch den Metalldetektor gehen wollten, hatten zwei Stücke Handgepäck dabei – darin zwei große, knallbunte Wasserpistolen aus Plastik. »Ja, was haben wir denn da«, freute sich der Beamte. »Damit dürfen sie nicht ins Flugzeug.« Die Eltern wandten ein, dass es sich um Spielzeug, noch dazu ungeladenes, handle, doch der Beamte blieb unerbittlich: »Waffe ist Waffe.« Die Massenbefeuchtungswaffen wurden beschlagnahmt.

Danach war ich an der Reihe. »Ausziehen«, befahl der Sicherheitsmensch und deutete auf meine Jacke. Ich fragte ihn: »Wollen Sie auch die Münzen?« Natürlich, antwortete er, die seien schließlich aus Metall. Auf dem Dubliner Flughafen sei das nicht nötig, entgegnete ich, die Detektoren können Kleingeld von Kleinfeuerwaffen durchaus unterscheiden. Es handle sich wohl um intelligentere Maschinen – und um intelligentere Sicherheitsbeamte, wollte ich hinzufügen, ließ es aber bleiben, da ich meinen Flug nicht verpassen wollte.

Der Metalldetektor piepste auch ohne die Münzen in meiner Hosentasche. Lag es an meiner Brieftasche? Der Beamte öffnete sie und zog triumphierend ein scheckkartengroßes Plastikset mit Lineal, Kugelschreiber, Nadel und Faden heraus. »Was ist denn das? Das darf doch nicht wahr sein«, rief er. Er möge sich beruhigen, riet ich ihm: Das dazugehörige Messer hätten seine wachsamen Kollegen bereits vor einem halben Jahr beschlagnahmt. Er wollte sich aber nicht beruhigen und zog eine drei Zentimeter lange Nagelfeile aus dem Plastikset. »Ach«, rief er, »und das? Ist das vielleicht keine Waffe?« Es sei eine Nagelfeile, erklärte ich und fragte ihn, ob er befürchte, ich würde dem Piloten androhen, ihm die Fußnägel wegzufeilen, falls er mich nicht umgehend nach Kuba brächte?

Mein Sarkasmus verdarb ihm restlos die Laune. Mit hochrotem Kopf hielt er das inkriminierte Maniküwerkzeug in die Luft und rief seinen Kollegen an den anderen Detektoren lauthals zu: »Seht mal, was dieser Typ hier durchschmuggeln wollte!« Die anderen Reisenden, darunter ein älteres Berliner Ehepaar, rückten vorsichtshalber einen halben Meter von mir ab. Für drei Euro könne ich das Plastikset am Flughafen deponieren, meinte der Beamte. Ich verzichtete, und so wanderte meine luftpiratische Grundausstattung zu den beiden Plastikwasserpistolen in den Korb mit der Aufschrift: »Terroristische Utensilien.« Die Flasche Wein, deren abgeschlagener Hals eine weitaus wirksamere Waffe als die Minifeile abgeben könnte, blieb unbeanstandet.

Im Flugzeug stellte ich fest, dass mein Sitzplatz ausgerechnet neben dem furchtsamen Berliner Ehepaar lag. »Na«, fragte der Mann, »hamse nochn paar Messer dabei?« Messer seien doch Kinkerlitzchen, antwortete ich zweideutig und bescherte den beiden einen unruhigen Flug.

Sportler mit Entblößungstrieb

Zum Fußball gehört Bier, zum Skispringen Glühwein und zum Tennis Champagner. Zu Gaelic Football und Hurling gehört es, sich nackt auszuziehen. Bei den beiden traditionellen irischen Sportarten geht es auf dem Feld ziemlich rau zu. Einmal verbrachten die Mannschaften aus Dublin und dem südirischen Kilkenny einen Urlaub in Kapstadt, um sich auf die anstrengende Saison vorzubereiten.

Mitten in der Nacht sprang dann eine Mannschaft nackt in den Swimming Pool ihres Hotels, während die andere Mannschaft – korrekt bekleidet – mit Möbelstücken aus dem Hotel nach ihnen warf. Richard Bray, Geschäftsführer des Hotels »Cullinan Inn«, sagte, die Spieler seien »völlig außer Kontrolle« geraten. »Wir mögen die Iren eigentlich als Gäste«, sagte Bray, »aber solches Benehmen können wir nicht dulden.«

Solches Benehmen ist aber nicht außergewöhnlich: Ein Jahr zuvor hatte das Team aus Roscommon nach einem Auswärtsmatch im nordwestirischen Donegal eine Runde Pool-Billard im Hotel gespielt. Die Spieler waren nackt. Die Vereinsleitung warf daraufhin die gesamte Mannschaft hinaus, holte sie aber wieder zurück, nachdem die Spieler versicherten, künftig nur noch unter der Dusche nackt aufzutreten.

Dem Verband ist das alles furchtbar peinlich. Die Gaelic Athletic Association (GAA) ist zutiefst konservativ. Sie ist 1884 von sieben Männern gegründet worden, die Schirmherrschaft übernahm damals der sittenstrenge Erzbischof Croke. Nach ihm ist das Dubliner Stadion Croke Park benannt, die größte Sportarena der Insel. Der Verband wacht mit Argusaugen über die Reinheit der traditionellen Sportarten. Bei der GAA ist die Meinung weit verbreitet, dass Fußball ein Garnisonssport ist und ebenso wie Cricket, Rugby und Tennis nur von englischen Barbaren gespielt wird. Auf dem heiligen Rasen des Croke Park hat man solches Treiben noch nie geduldet. Den Mitgliedern war es bis vor gar nicht allzu langer Zeit sogar verboten, sich diese »barbarischen englischen Sportarten« auch nur anzusehen.

Die Zeitungen fragen sich nun, warum GAA-Spieler sich nach der Einnahme größerer Mengen Alkohols unweigerlich ausziehen und sich fremden Sportarten wie Schwimmen und Billard hingeben. Das sei doch bei anderen Sportlern nicht der Fall, wunderte sich die *Sunday Tribune*. Ob es möglicherweise an der GAA-Verbotspolitik liege, fragte sich das Blatt, so dass die Spieler gar nicht wissen, was bei anderen Sportarten üblich ist? Bei den Hurling- und Football-Spielern werde der Ausziehzwang offenbar durch das Wort »Pool« ausgelöst – ob es sich dabei um ein Schwimmbecken oder um einen Billardtisch handelt, scheint einerlei.

In Wirklichkeit ist Erzbischof Croke schuld an dem Entblößungstrieb. Neulich ist ein Pärchen nachts über den Zaun des Croke Park geklettert und zog sich wie aus dem Jenseits gesteuert umgehend auf dem heiligen Rasen aus. Der Nachwächter holte die Polizei. Das Gericht ließ die beiden ungeschoren, weil sie keinen Schaden angerichtet hatten. Schließlich hatten sie im Croke Park weder Fußball, noch Tennis oder gar Crikket gespielt.

Wurmbeschwörung und Moorschnorchelweltmeisterschaft

Schade eigentlich. Der Sommer ist vorbei, und die englischen Exzentriker überwintern zu Hause, fernab von der Öffentlichkeit. Nirgendwo in Europa findet man sie in solch hoher Konzentration wie in England, man begegnet ihnen auf ihren eigenen Festivals mit hohem Unterhaltungswert.

Neulich marschierten zwei Witwen, zehn junge Mädchen in weißen Kleidern und ein Geiger durch St. Ives in Cornwall zum örtlichen Friedhof und tanzten um das Grab von Jonathan Knill, einem ehemaligen Zollbeamten, der 1811 gestorben ist. Es ist ein besonderes Grab, denn Knill ließ zu Lebzeiten einen knapp 20 Meter hohen Obelisken als Grabstein errichten. Und er hinterließ Geld, damit man sich seiner gebührend erinnert.

Die fröhliche Trauertanztruppe, die sich alle fünf Jahre an seinem Grab einfindet, tut das nicht kostenlos. Die Witwen und der Geiger erhalten für ihre Gedenkarbeit ein Pfund, die Mädel zehn Schillinge. Doch damit nicht genug: Aus Knills Nachlass werden im Fünfjahresrhythmus zehn Pfund abgezweigt, damit der Dorfpfarrer, der Bürgermeister und der Zollbeamte samt Familien sich ein Festmahl genehmigen können. Heutzutage reicht das höchstens für eine Großpackung Kartoffelchips. Mit den fünf Pfund, die Knill für den schnellsten Stricker von Fischnetzen und den besten Einsalzer von Sardellen ausgesetzt hat, kommen die Gewinner auch nicht weit.

In Kent veranstalten sie seit 1864 jedes Jahr ein Cricketmatch, was an und für sich schon ein exzentrisches Spiel ist. Doch obendrein bekommt der Sieger die Hörner eines Schafbocks, die während des Spiels langsam geröstet werden. Aus Rücksicht auf den Rest des Tieres werden die Hörner inzwischen vor dem Rösten vom Schafbock entfernt. Ebenfalls in Kent, und zwar in Whitstable, laufen an einem bestimmten Tag im Sommer Hunderte von Menschen ans Meer, wo sie einem Priester dabei zuschauen, wie er das Wasser segnet. Nein, er verwandelt es nicht in Wodka oder weißen Rum, er segnet es lediglich. Die Zeremonie sei sehr beliebt, behauptet das Fremdenverkehrsamt.

Aber das ist längst nicht alles. In Yorkshire begehen sie das Stachelbeerfest, auf dem der Besitzer der größten Frucht einen Preis gewinnt; in derselben Grafschaft gibt es einen Wettlauf mit Kohlesäcken auf dem Rücken; in Lancaster benutzen sie statt eines Kohlensacks für das Wettrennen eine Sänfte; in Cumbria werden die Nationalen Meisterschaften im Grimassenschneiden ausgetragen; und in Cheshire veranstalten sie in Ermangelung von Schlangen ein Weltfestival im Wurmbeschwören.

Diese englischen Vorlieben erscheinen freilich stinknormal, wenn man sie mit einem Festival im walisischen Llanwrtyd Wells vergleicht. Dort finden die Moorschnorchelweltmeisterschaften statt: 40 erwachsene Menschen, ausgerüstet mit Taucherbrille und Schnorchel, robben so schnell wie möglich durch einen 20 Meter langen Moorwassergraben.

Mögen Britanniens Exzentriker im Winter neue Skurillitäten aushecken, die sie flugs zur Tradition erklären und im Sommer öffentlich darbieten.

Kochen mit kulinarischer Knalltüte

Ein »britischer Meisterkoch« ist so etwas wie ein »deutscher Fußballstar« – beide sind Wunschträume. Dennoch wird Gordon Ramsay in Großbritannien als Großmeister der Küche gefeiert. Nun hat man dem unsympathischen Flegel auch noch zwei Fernsehsendungen anvertraut, in denen er andere Leute fertig machen kann – ein Metier, in dem er wirklich Großmeister ist.

In der vierteiligen Serie »Ramsays Küchenalbträume« auf Channel 4 beleidigt er so viele Leute wie möglich, wobei seine Flüche wenig phantasievoll aus Variationen des Wörtchens »fucking« bestehen. Allerdings benutzt er es manchmal wenigstens als Einschub, so beim südwalisischen Ort Abergavenny, den er wegen seines Restaurants als »Abergafuckingvenny« abqualifiziert.

Noch schlechter erging es »Bonaparte's« in Silsden in Yorkshire. Dort will Ramsay etwas im Kühlschrank gefunden haben, das aussah wie »Schafsscheiße, die von Ameisen heimgesucht« wurde. Seine vernichtende Kritik behielt er aber während der Dreharbeiten für sich. Sue Ray, die Besitzerin, lud daher nichtsahnend das ganze Dorf ins Restaurant ein, als die Sendung im Fernsehen lief. »Danach herrschte eisige Stille im Laden«, sagte Ray zum *Observer*. Seitdem kam kein einziger Gast mehr, die Leute im Ort machen sich lustig über Ray, der Arzt hat ihr Anti-Depressiva verschrieben. Inzwischen musste sie Bankrott anmelden.

Der Küchenalbtraum hat hohe Einschaltquoten, Fernsehzuschauer sind nun mal gehässig. Fast genauso hoch ist die Quote bei Ramsays »Höllenküche«, einer lächerlichen, an »Big Brother« angelehnten Fernsehshow auf ITV, bei der längst vergessene Halbprominente ein letztes Mal ins Fernsehen dürfen und um die Wette kochen müssen, bis sie aus der Küche hinausgewählt werden. Edwina Currie zum Beispiel, die ehemalige Tory-Ministerin, die einmal einen Sturm der Entrüstung entfachte, weil sie sämtlichen britischen Eiern eine Verseuchung mit Salmonellen bescheinigte. Ein anderes Mal entfachte sie einen Sturm der Belustigung, weil sie eine Affaire mit dem schon zu Amtszeiten vergessenen Premierminister John Major eingestand. Früher hat man in der Halle an der Londoner Brick Lane, in der Ramsays Show der letzten Hoffnung gedreht wird, menschliche Leichen ausgestellt. Bei der Höllenküche sind es die Leichen aus Showbusiness und Politik.

Ramsay schrieb neulich im *Observer*, dass er seine vier Kinder nicht in seine Restaurants lasse, weil das Essen dort zu reichhaltig und ungesund für Kinder sei. Statt dessen geht er einmal in der Woche mit den Kindern in die Altölbraterei an der Ecke und bestellt ihnen Cola und Fast Food. Er hat den Kids versprochen, Mutti nichts davon zu verraten – deshalb schreibt die Knalltüte darüber in einer Sonntagszeitung.

Es ist Ramsay wichtig, »wertvolle Zeit mit meinen Kindern« zu verbringen. In der Imbissbude. »Dort kann ich ohne Ablenkung die Wand anstarren und in mein Diktiergerät sprechen«, schreibt er. Er plant ein Buch mit dem Titel »Mamis Liebling«, in dem er seine kulinarischen Kindheitserlebnisse mit denen seines eigenen Nachwuchses vergleicht. Vermutlich haben seine Eltern anständig gekocht und sich beim Essen mit ihm unterhalten, und nicht mit einem Diktiergerät.

Ein Handy voller Leben

Zeig mir dein Handy, und ich sage dir, wer du bist. Mein vier Wochen altes Mobiltelefon war auf einer grauenhaften Schiffsfahrt, bei der eine Welle über das Boot schwappte, ertrunken. »Ein Fall für die Garantie«, meinte ich beruhigt und trug das nasse Gerät zum Händler. »Ein Fall für den Mülleimer«, erklärte der Verkäufer. »Wasserschäden sind von der Garantie nicht abgedeckt. Aber schon für 300 Euro gebe ich ihnen ein neues.«

Das bekomme ich bei Ebay billiger, dachte ich mir und ersteigerte dasselbe Modell für hundert Euro. Nach zwei Wochen traf es aus Cottbus ein. Der Speicher war voll. Manuela Vogel, die Verkäuferin, hatte sämtliche Adressen, Kurznachrichten und Fotos im Handy belassen. Sie ist gerade 37 Jahre alt geworden, hat dunkle, kurze Haare und ein wenig Übergewicht. Sie hat einen achtjährigen Sohn mit Grippe, lebt von ihrem Mann Reinhard getrennt und war neulich in einem Safaripark. Dort hat sich Markus, der Sohn, vermutlich die Grippe geholt. Manuelas beste Freundin Anne, eine Blondine mit struppigen Haaren, musste deshalb alleine ins Kino gehen, wofür sie zwar Verständnis hatte, es aber sehr bedauerte. Der Film hat ihr sehr gut gefallen, vor allem wegen der Männer, die es im wirklichen Leben leider nicht gebe.

Um welchen Film es sich handelte, war der Kurznachricht leider nicht zu entnehmen. Sollte ich Anne anrufen und nachfragen? Ihre Telefonnummer stand ja im Handy-Telefonbuch. Ich könnte mich natürlich auch direkt an Manuela wenden. Möglicherweise würde das aber aufdringlich wirken, doch ich hätte zu gerne gewusst, wie der Film mit den tollen Männern hieß, vielleicht könnte ich ja etwas lernen.

Dann tauchte plötzlich ein Carsten auf. Manuela hatte ihn durch das Internet kennengelernt und tauschte schmachtende Kurzmitteilungen mit ihm aus. Aber zu einem Treffen ist es nicht gekommen. Der Grund dafür bleibt mir verborgen. Die beiden müssen heimlich telefoniert haben, damit ich es nicht erfahre. Jedenfalls hat Carsten inzwischen Cottbus verlassen und hätte Manuela zum Abschied gerne geküsst, wusste aber, dass das niemals geschehen würde. Sie wird ihn dennoch nie vergessen.

Warum lassen Menschen ihr halbes Leben auf einem Handy, wenn sie das Gerät einem Wildfremden verkaufen? Als Manuela per Email nachfragte, ob ich mit dem Telefon zufrieden sei, antwortete ich, dass es tadellos funktioniere und ich hoffe, dass der Sohn die Grippe inzwischen überwunden habe. »Huch«, schrieb sie, »habe ich etwa nicht alles gelöscht?« Nichts habe sie gelöscht, aber zum Glück sei ich nicht neugierig, log ich.

Als das Handy zum ersten Mal klingelte, war ich unglücklicherweise gerade in einem Pub in der Dubliner Innenstadt. Das Mobiltelefon sang aus vollem Hals die deutsche Nationalhymne. Das hätte ich nach alledem vorher überprüfen sollen. Ich schaltete das Handy hektisch ab und beschloss, den Klingelton vorsichtshalber zu Hause zu verändern. Das war mein Glück. Ich fand nämlich einen Klingelton, den Manuela selbst gemacht hatte. »Muschi ist am Telefon«, krähte das Gerät, »schnell, geh ran, Muschi ist dran!« Ich begann zu verstehen, warum Carsten aus Cottbus abgereist ist.

Der Silberhochzeitskuchen

Wenn man bloß etwas geistesgegenwärtiger wäre. Doch als die Nachbarn uns zu einer kleinen Feier anlässlich ihrer Silberhochzeit einluden, fiel mir keine geeignete Ausrede ein. Wegen meines kläglichen Gesichtsausdrucks vermuteten sie zu recht, dass mir der Termin nicht passte, ahnten aber nicht, dass mir auch kein anderer Termin gelegen käme.

»Ich bin nur überrascht, dass ihr schon so lange verheiratet seid«, log ich, »so alt seht ihr gar nicht aus. Vielen Dank für die Einladung.« Mein Erröten missdeuteten sie als Vorfreude auf die Feier und erklärten mir, dass es sich ja nur um einen kleinen Umtrunk mit Schnittchen und Kuchen handle. »Aber einen ganz besonderen Kuchen«, fügten sie hinzu.

Das hatte ich befürchtet. Bei irischen Hochzeiten kommt stets ein dreistöckiger Kuchen auf die Festtafel. Hat das unterste Stockwerk einen Durchmesser von 12 Zoll, also die Größe einer Langspielplatte, muss man für das Gesamtgebilde rund 400 Euro hinblättern. Extras wie handgeformte Zuckerblumen, farbige Glasur, mundgeblasene Überrollbügel oder ein plastenes Brautpaar als Krönung für das oberste Stockwerk kosten mehr. Das schreckt freilich niemanden ab, den Festtagskuchen mit allen Schikanen ausstatten zu lassen.

In keinem Hochzeitsalbum fehlt das Foto vom glücklichen Brautpaar, das mit einem riesigen Messer gemeinsam den Monsterkuchen anschneidet. Die Verwandtschaft, die es aus irgendwelchen Gründen nicht zur Hochzeit geschafft hat, bekommt ein Stück Kuchen per Post. Zu diesem Zweck bieten sie in den irischen Schreibwarengeschäften kleine, silberfarbene Spezialschachteln an, in denen das denkwürdige Gebäck bruchsicher nach Übersee expediert werden kann.

Weniger harmlos ist der Brauch, das mittlere Kuchenstockwerk bis zur Taufe der ersten Kindes und das obere Stockwerk bis zur Silberhochzeit aufzubewahren. Der Kuchen enthält deshalb nicht nur Rosinen, Mandeln, glasierte Kirschen und Gewürze, sondern jede Menge Whiskey. Dadurch ist er bis zum Sankt-Nimmerleinstag haltbar.

Der war nun gekommen. Es gab keine Ausflüchte mehr. Die Nachbarn hatten neben den üblichen Zutaten auch jede Menge Kümmel in den Kuchen gegeben. Der verband sich mit den glasierten Kirschen und dem Whiskey zu einem Geschmackserlebnis, das unter die Kategorie »Überlebenstraining« fiel. Dem Zuckerguss sah man sein Alter auf den ersten Blick an. Janet von gegenüber täuschte eine Kümmelallergie vor, wurde aber entlarvt, weil sie an ihrem Geburtstag eine Woche zuvor einen Hammeleintopf mit Kümmel serviert hatte. Ihr Mann Oscar versuchte vergeblich, die betagte Backware dem Hund anzudrehen. Sohn Richard vergrub den kulinarischen Albtraum in den Geranien.

Wir andern, die im Blickfeld der Gastgeber saßen, hatten keine Chance. Das fischstäbchengroße Stück Kuchen lag uns wie ein Wackerstein im Magen. Kurz bevor wir das Weite suchten, rezitierte die Gastgeberin ein Sprichwort: »Wenn die Schwiegermutter ein Stück Kuchen auf dem Kopf der Braut zerbröselt, wenn sie nach der Hochzeitsfeier nach Hause kommt, werden sie Freundinnen für's Leben.« Für Nachbarn gilt das nicht. Es dauerte Stunden, bis die Silberhochzeitsbraut die klebrige Masse aus den Haaren gewaschen hatte.

Schwule Waliser, hässliche Vegetarier und stillende Mütter

Sind Sie ein fetter, schwuler walisischer Busfahrer mit stark behaartem Rücken und schmutzigen Fingernägeln? Dann dürfen Sie sich nicht wundern, wenn Sie von der englischen Polizei nicht so zuvorkommend behandelt werden, wie Sie es erwarten. Die Polizeichefs haben 2.600 Beamte nach deren Lieblingshassobjekten gefragt, um das Bewusstsein für Diskriminierung zu schärfen.

Die Palette der Personen, die von der Polizei verachtet werden, ist breit. Neben den oben genannten Kategorien sind auch Abstinenzler und Raucher, Sozialarbeiter und Vegetarier, Glatzköpfe und hässliche Menschen recht unbeliebt. Deutsche Urlauber haben genauso schlechte Karten wie Mütter, die ihre Babys in der Öffentlichkeit stillen. Wer einen Wohnwagen besitzt oder gar einen Lada fährt, sollte nicht falsch parken, denn bei ihnen drücken die Polizisten garantiert kein Auge zu. Von deutschen kahlköpfigen Müttern, die ihren Kindern in einem Lada die Brust geben und dabei rauchen, ganz zu schweigen.

Diejenigen, die den Fragebogen ausgeheckt haben, geben den Befragten Hilfestellung, falls ihnen auf Anhieb niemand einfällt, den sie nicht mögen: Sie machen 39 Vorschläge, die man nur anzukreuzen braucht. Wie wäre es mit rothaarigen Radfahrern oder blauäugigen Bardamen? Wer etwas gröber gestrickt ist, was unter englischen Polizisten ja nicht selten vorkommen soll, kann in der Sektion für Rassisten sein Hasskreuzchen machen: Araber und Moslems, oder vielleicht lieber Schwarze und Asiaten?

Der Fragebogen soll gleichzeitig belehren. »Italiener wedeln mit den Armen und reden laut«, heißt es. Man könnte sie für streitbar halten, aber sie seien eben anders. Franzosen dagegen, so schreiben die Fragebogenfragesteller, zucken gerne mit den Schultern und gebrauchen abwertende Gesten. Das könne ihnen als ungezogen ausgelegt werden, aber das sei es gar nicht. Das liege in der Natur des Franzosen.

Phil White von der Polizeigewerkschaft befürchtet, dass die Fragebogen gegen diejenigen verwendet werden können, die sie ehrlich ausfüllen: »Wenn die Polizeiführung eine Antwort nicht billigt, ergreift sie möglicherweise Maßnahmen gegen den Beamten.« Sollte es wirklich Polizisten geben, die den Fragebogen ehrlich ausfüllen? Sie würden unweigerlich zu Hassobjekten ihrer Kollegen, weil man die Vorurteile des Berufsstandes doch lieber unter der Decke hält.

Dabei gibt es genügend Personenkreise, die man hassen kann. Manchester-United-Fans zum Beispiel, so suggeriert der Fragebogen völlig zu Recht. Neben den bereits erwähnten Walisern kommen auch Engländer, Iren, Kanalinsulaner oder Menschen von der Isle of Man in Betracht. Ach, und was ist mit den Schotten? Warum kommen sie nicht vor? Ist es Zufall, dass der für den Fragebogen verantwortliche Anti-Diskriminierungsbeauftragte Sandy Forrest Schotte ist? Warum reitet er ausgerechnet auf den liebenswerten Walisern herum? Darauf gibt es nur die klassische Antwort, die im Film »Julia und ihre Liebhaber« – auf Albaner bezogen – gegeben wurde: »Warum nicht?«

Schiefe Töne bei der Hochzeit

Die Hochzeit war fast bis ins letzte Detail geplant. Lisa hatte eine der vielen einschlägigen Zeitschriften zu Rate gezogen: »Kaufe dein Hochzeitskleid mit höchstens ein, zwei Leuten, denen du vertraust – sei es deine Mutter, deine Brautjungfer oder Tante Susi. Es muss jemand sein, der deinen Stil kennt und der ehrlich zu dir ist.« Die Verkäuferin war ehrlich: Sie empfahl Lisa die Gardinenabteilung, denn die Braut in spe war im siebten Monat schwanger, was die Auswahl an herkömmlichen Kleidern erheblich einschränkte.

Barry, dem Bräutigam, empfahl das Magazin, den Schwager zu umarmen, »selbst wenn er ein Arschloch ist«. Außerdem sollte er sich um »gutes Essen, schöne

Blumen und angenehme Musik« für die Hochzeit kümmern. Essen und Blumen waren kein Problem, aber bei der Musik geriet er mit dem Pfarrer, der ohnehin beim Anblick der hochschwangeren Braut die Augenbrauen bis zur Decke hochgezogen hatte, aneinander.

»We Have All The Time In The World« von Louis Armstrong sei keine gute Wahl, monierte der irische Pfaffe, weil in Anbetracht des Zustands der Braut höchste Eile geboten sei. Statt dessen empfahl er dem Brautpaar, im Internet nach passender Musik zu suchen. Gibt man bei Google das Suchwort »wedding music« ein, erhält man Verweise auf 16 Millionen Websites. Wer hätte gedacht, dass so viele Knalltüten nichts Besseres zu tun haben, als sich um die Beschallung einer Eheschließung zu kümmern?

Eine davon ist Pat O'Donoghue. Der Pfarrer rauft sich die Haare in Anbetracht der Musikwünsche seiner Schäfchen. Ein Paar habe sich »I Don't Know How To Love Him« ausgesucht, ein anderes wollte unbedingt »Will You Still Love Me Tomorrow?« zur Eheschließung ertönen lassen. Beide Songs kamen natürlich nicht in Frage, denn eine kirchlich geschlossene Ehe gilt nun mal für immer, da spielt die Liebe keine Rolle. Über das Lied »D.I.V.O.R.C.E.« werde er gar nicht erst diskutieren, sagt O'Donoghue.

Der beliebteste Song bei irischen Hochzeiten ist immer noch Celine Dions »My Heart Will Go On«, die Titelmelodie des Films *Titanic*. Das sei auch kein guter Beginn für eine Ehe, meint O'Donoghue: »Schließlich geht es in dem Lied um ein Schiff, das gesunken ist.« Der empörendste Musikwunsch eines Hochzeitspaares sei aber »Help Me Make It Through The Night« gewesen, sagt O'Donoghue, das grenze an Gotteslästerung.

Ein Paar konnte er durch ihren Musikwunsch als Bigamisten entlarven. Das Paar hatte sich »Oops I Did

It Again« von Britney Spears ausgesucht. Der Pfarrer recherchierte und fand heraus, dass der Bräutigam sich in England hatte scheiden lassen, was in den Augen der Kirche nicht gilt. So musste das Paar vor dem Standesamt heiraten, was laut Kirche ebenfalls nicht wirklich gilt.

Um bei den fatalen Musikwünschen Abhilfe zu schaffen, hat die irische katholische Kirche nun eine Hochzeits-CD für 15 Euro herausgegeben. Sie enthält 26 Lieder, die den päpstlichen Segen für Hochzeiten haben, darunter Gassenhauer wie »Ave Maria« und »We Praise You O Lord«.

Als Barry seinen dritten Musikwunsch vortrug, warf ihn der Pfarrer hinaus. Es war »If You Can't Be With The One You Love, Love The One You're With« von Crosby, Stills &Nash.

Seebestattung für eine Kirche

Der Irrsinn ist unter irischen Pfarrern weiter verbreitet, als bisher angenommen. Bei den Olympischen Spielen in Athen rammte Pater Neil Horan den führenden Marathonläufer Vanderlei de Lima aus Brasilien aus dem Weg, um »auf die Bibel aufmerksam zu machen«, wie er sagte. De Lima verlor die sicher geglaubte Goldmedaille und wurde Dritter. Der 57-jährige Pfaffe aus dem Südwesten der Grünen Insel hatte ein paar Jahren zuvor schon einmal Schlagzeilen gemacht, als er während eines Formel-Eins-Rennens über die Piste marschierte, damals aber keinen Rennwagen aus dem Weg rammte.

Das Olympische Komitee Irlands will de Lima zum Trost als Ehrengast zum Dubliner Marathon einladen. Man kann dem Brasilianer nur abraten. In Irland wimmelt es von durchgeknallten Pfaffen. Tridentiner-Bischof Michael Cox zum Beispiel. Der ist mit einer schwimmenden Kirche in See gestochen. Er hatte einen 25 Meter langen Fischkutter gesegnet und war mit drei Mann Besatzung von der Westküste gen Norden gesegelt. Mit seinem »Holy Ship« wollte er den Kampf gegen die Aurora aufnehmen, ein Abtreibungsschiff aus Holland, das angeblich auf dem Weg nach Irland sei.

Hatte niemand dem predigenden Trottel erklärt, dass die Niederlande gar nicht nördlich von Irland liegen? Darüber hinaus war der letzte Besuch der Aurora 2001 ein Reinfall, weil die Frauenorganisation »Women on Waves«, die das Schiff betreibt, vergessen hatte, sich von den Behörden in Den Haag eine Abtreibungsgenehmigung zu besorgen. So lag die Aurora tagelang im Dubliner Hafen, während die holländischen Ärztinnen kostenlos Verhütungsmittel verteilten – eine wahrhaft mutige Tat, wenn sie 50 Jahre früher geschehen wäre. Nach dem damaligen Desaster werden sie sich mit der Aurora wohl kaum noch einmal blicken lassen.

Der Bischof hatte offenbar Informationen von höherer Stelle. »Ich habe gehört, dass dieses Schiff nach Irland zurückkehren soll, und dagegen wollte ich etwas tun«, sagte er. »Deshalb habe ich den Fischkutter geweiht und wollte damit das Abtreibungsschiff angreifen.« Eine treibende Kirche gegen ein Abtreibungsschiff? Plante Cox eine Seeschlacht à la Trafalgar?

Daraus ist jedenfalls nichts geworden. Die Kirche war nicht mal eine Stunde auf dem Wasser, als im Maschinenraum ein Feuer ausbrach. Die Mannschaft konnte es zwar löschen, doch wenige Minuten später brach es erneut aus, so dass der Kirchenfunker SOS-Signale aussenden musste. Die Küstenwache schickte einen Hubschrauber, in den die Besatzung mit einer Seilwinde gehievt wurde, während die Kirche kenterte und in den Fluten versank. Der Pilot setzte die Mannschaft in Knock ab – ausgerechnet Knock, dem Wallfahrtsort, wo vor 124 Jahren Maria, ihr Mann Josef sowie Johannes der Täufer, der als Bischof verkleidet war, vor einem ausgesuchten Publikum von 15 Menschen erschienen waren.

Diesmal stieg Bischof Cox vom Himmel herab. Als er aus dem Hubschrauber herausgeklettert war, sagte er: »Ich werde jetzt beten, um herauszufinden, was ich jetzt tun soll.« Gott wird sich schon etwas einfallen lassen. Offenbar hat er Humor.

Geriatrie-Rock

Das Wort jagt einem eisige Schauer über den Rücken: »Reunion.« Es ist eine Epidemie, die ausschließlich Rockbands befällt, deren Haltbarkeitsdatum mindestens um zwei Jahrzehnte überschritten ist. Man denkt mit Schrecken an Jethro Tull und ihren ekelhaft reaktionären einbeinigen Flöter Ian Anderson, oder an die Beach Boys, die längst Strandopas sind. Oder gar die Sex Pistols, die früher mit ihren majestätsbeleidigenden Songs Skandale produzierten und jetzt »Fuck« ins Mikro schreien, worauf das mit Digitalkameras bewaffnete Publikum in Gedenken an die rebellischen Zeiten feuchte Augen bekommt.

Diese Rohrkrepierer sind freilich erträglich im Vergleich zum GAU, den grauenhaftesten anzunehmenden Untoten des Rockgeschäfts: Crosby, Stills, Nash and Young. Wie erklärt man seinen Kindern, dass man eine Plattensammlung eines Säufers, eines Zombies, eines Nobody und eines Fließbandproduzenten besitzt? Diese Wiederauferstehung hätte man uns ersparen müssen.

Nun haben sich auch Horslips wieder zusammengefunden. Diese irische Band ist als Begründerin des Celtic Rock in die Geschichte eingegangen. Dort hätten sie auch bleiben sollen. Statt dessen wollen sie nun mit Geriatrie-Rock Geschichte schreiben. Aber wer will schon fünf alte Männer auf der Bühne sehen und »Dearg Doom« brüllen hören? Fünfzig ist für einen Rockmusiker steinalt, man sollte dieses Genre der Jugend überlassen.

Als sie sich vor 24 Jahren trennten, was zehn Jahre zu spät war, hatten sie sich über die musikalische Richtung der Band tief zerstritten. Plötzlich verstehen sie sich wieder. Zum Teufel mit der Altersmilde. Vor ein paar Jahren war ich auf dem 50. Geburtstag eines Freundes. Er hatte einen Discjockey angeheuert, der wie der Tod aussah: dürr, ganz in schwarz gekleidet, mit unnatürlich blassem Gesicht und eisgrauen Haaren. Ich sprach ihn nach einer Weile an, weil ich wissen wollte, wann er und wir von dem Leiden erlöst würden. Er legte nämlich ständig »Dearg Doom« auf. Es war Eamon Carr, der fühere – und leider künftige – Schlagzeuger von Horslips. Er sah schon vor 30 Jahren nicht sehr gesund aus.

Die fünf Musiker haben sich neulich bei einer Ausstellung von Horslips-Memorabilia in einem Museum im nordirischen Derry wiedergetroffen. In einem Museum! Es hat ihnen nicht zu denken gegeben. Das stelle man sich mal in der Politik vor: Margaret Thatcher und John Major begegnen sich in Madame Tussauds Wachsfigurenkabinett und beschließen ein Comeback.

Jedenfalls griffen die fünf Horslips in Derry zu ihren Instrumenten und hatten »viel Spaß zusammen«. Das sei ihnen gegönnt. Es gibt aber Dutzende schalldichter Räume für Altherrenpartys, da muss man nicht die Umwelt belästigen. Horslips haben in zehn Jahren zwölf Alben produziert – gute und schlechte. Das sollte reichen.

Wieviele Alben die Rolling Stones veröffentlicht haben, weiß niemand. Ein Ende ist nicht abzusehen. Es ist deprimierend, wie die ehemals größte Rockband der Welt zur eigenen Tribute Band verkommen ist. Pete Townshend von den Who sang einmal, dass er sterben möchte, bevor er alt wird. Ist er aber nicht. Statt dessen erfreut sich der alte Sack an Kinderpornographie. John Lennon hat irgendwie Glück gehabt.

Das Huhn im Truthahnpelz

Beinahe wäre die Sache schiefgegangen. Anfang Januar feiert Irland Nollaig na mBan: Frauenweihnacht. Der Tag heißt so, weil die Ehefrauen schon wieder einen Truthahn braten müssen, während die Männer im Pub einen kleinen Aperitif zu sich nehmen. John wollte es diesmal anders machen. Er bestellte das Großgeflügel beim Fleischer, lud die halbe Verwandtschaft ein und war fest entschlossen, die Zubereitung selbst zu übernehmen. Da er kein Auto besitzt, bat er mich, das schwere Tier am Vortag abzuholen und zu ihm nach Hause zu transportieren. Er gab mir den Hausschlüssel, weil er erst abends aus dem Büro kommen würde.

Gesagt, getan. Leider ritt mich im Fleischerladen der Teufel, und ich kaufte außerdem ein erbärmlich aussehendes Hühnchen zum Sonderpreis von zwei Euro. Das legte ich auf Johns Küchentisch, daneben einen Zettel: »Der Fleischer sagte, es seien nur relativ kleine Truthähne von Weihnachten übriggeblieben.« Das echte Tier schob ich hinter die Couch und drückte sie wieder fest an die Wand, was ein knackendes Geräusch auslöste. Offenbar war ein Flügel gebrochen.

Am Abend rief John hellauf entsetzt an: »Wir sind morgen sieben Leute zum Essen, und diese verdammte Pute ist kaum größer als ein Hühnchen. Wo soll ich denn morgen früh ein Ersatztier auftreiben? Was hast du für den Murkel eigentlich bezahlt?« Er sei sehr billig gewesen, weil er nicht ganz die Standardgröße erreicht habe, sagte ich. »Standardgröße«, japste John, »das Vieh muß geschlachtet worden sein, kurz nachdem es geschlüpft ist.« Er solle eben etwas mehr Gemüse und Kartoffeln kochen, riet ich ihm.

Eine halbe Stunde später bekam ich Gewissensbisse und rief John an, der inzwischen einen Sack Kartoffeln geschält hatte, um die Gourmet-Verwandtschaft am nächsten Tag satt zu bekommen. Der richtige Vogel sei hinter der Couch versteckt, verriet ich ihm. Sein Aufschrei klang nicht erleichtert, wie ich erwartet hatte, sondern vielmehr panisch. Das letzte, was ich hörte, bevor er den Hörer aufknallte, war: »Die verdammte Katze! Sie ist vor zwanzig Minuten mit einer Serviette hinter der Couch verschwunden!«

Dann wurde es doch noch ein schönes Essen. Die Bisswunden hatte man mit Hilfe eines Messers kaschiert. Das Hühnchen geriet in Vergessenheit. Es lag unter der Spüle, weil im Kühlschrank kein Platz gewesen war. Am Wochenende machte sich leichter Verwesungsgeruch im Haus breit. Das tote Geflügel hatte bläuliche Beinchen und war voller Maden, so daß es fast von ganz alleine zur Mülltonne laufen konnte. Nicht mal die Katze zeigte Interesse an dem Tier.

Dünn, dünner, am dünnsten

Der junge Mann gähnt in meinen Kaffee, den er mir gerade gezapft hat. Dadurch wird die dünne Pulverbrühe nicht besser. Nun kommt der müde Mann, der noch dünner als der Kaffee ist, ins Schwitzen, weil er den schweren Getränkewagen weiter durch den Gang schieben muss. Wir sind in der Eisenbahn von Galway an der irischen Westküste nach Dublin im Osten.

Das irische Streckennetz ist noch dünner als der Kaffee und der junge Mann. Von Dublin aus führen vier Strecken ins Land, einige davon gabeln sich später. Das scheinen für Iarnród Eireann, die staatliche

Bahngesellschaft, immer noch zu viele zu sein. So hat man sich offenbar vorgenommen, die verbliebenen Fahrgäste zu vergraulen. Die Fahrpreise sind verblüffend hoch, aber dafür bekommt man manchmal keinen Sitzplatz, denn Reservierungen gibt es nicht. In unserem Zug sind sämtliche Toiletten außer Betrieb, was mir in Anbetracht des dünnen Kaffees Sorgen bereitet, zumal der Zug aus unerfindlichen Gründen mehrmals auf offener Strecke stehenbleibt. Ein anderer Zug, der die Gleise blockiert, kann jedenfalls nicht schuld daran sein – dafür gibt es zu wenige. Auf manchen Strecken fahren sechs Züge in der Woche.

Durch einen ausgeklügelten Fahrplan ist sichergestellt, dass es garantiert nirgendwo Anschlusszüge gibt – außer in Limerick Junction. Dort wartet der Zug von Limerick nach Waterford, immerhin zwei der größten Städte Irlands, 63 Minuten auf einen anderen Zug. Die Passagiere müssen sich genügend Verpflegung mitnehmen. Darüber hinaus sind die auf dieser Strecke eingesetzten Lokomotiven vierzig Jahre alt, die Waggons hingen vermutlich schon an den Vorgängerinnen. Der Zug schafft eine Durchschnittsgeschwindigkeit von knapp 40 Kilometern in der Stunde – und bald nicht mal mehr das: Die Strecke wird stillgelegt.

Und wo man schon mal dabei ist, will Iarnród Eireann auch die Strecken schließen, die für den Frachtverkehr benutzt werden. Dann kann man die 24 neuen Container, die man für drei Millionen Euro in Finnland eingekauft hat, zum Altmetall geben. Sie müssten eigentlich noch ein paar Euro einbringen, sind sie doch so gut wie neu. Iarnród Eireann hat damit lediglich ein paar Probefahrten gemacht.

»Von der Schiene auf die Straße«, lautet das Motto der Bahngesellschaft. Die Folgen für die Straßen seien vernachlässigenswert, meinte ein Sprecher, die paar zusätzlichen Laster seien zu verkraften. Die paar Laster? Es sind 400 Stück täglich, die für den Schienenersatzverkehr notwendig wären – 146.000 zusätzliche Lastwagenfahrten im Jahr. Ein Drittel davon würde durch die Hauptstraße des kleinen Ortes Cashel fahren, weil der an einem Verkehrsknotenpunkt liegt. Die Bewohner können vor lauter Vorfreude kaum an sich halten.

Wenn Iarnród Eireann ihr Ziel erreicht und auch die letzte Strecke dichtgemacht hat, ist wenigstens der dünne junge Mann erlöst und muss nicht mehr sein mobiles Pulverkaffeeungetüm durch die engen Gänge schieben. Vielleicht kann er dann ja in Cashel ein Trucker-Café aufmachen.

Richtig nett ist's nur im Bett

Irland ist das Land mit der höchsten Lebensqualität der Welt. Zu diesem Ergebnis kam die Untersuchung »Die Welt 2005«, herausgegeben von der Economist Intelligence Unit (EIU). Niemand war überraschter als die Iren selbst – vor allem, als sie die Kriterien für die Messung der Lebensqualität erfuhren. Bewertet wurden Einkommen, Arbeitslosigkeit und politische Stabilität, aber auch Familienleben, Gleichberechtigung, Klima und Gesundheitsfürsorge.

Das irische Durchschnittseinkommen ist das vierthöchste der Welt, die Arbeitslosigkeit ist so niedrig wie nie zuvor in der irischen Geschichte. Politische Stabilität und Familienleben hängen eng zusammen, denn die Partei Fianna Fáil, die »Soldaten des Schicksals«, regiert das Land mit kurzen Unterbrechungen seit 1932 wie ein Familienunternehmen. So weit, so gut. Aber Gleichberechtigung? Offenbar sitzen in der EIU nur Männer. Und über das Klima breiten wir den gnädigen Mantel des Schweigens.

Der Punkt, der am meisten für Heiterkeit sorgte, ist die Gesundheitsfürsorge. Sie ist tadellos, wenn man den bunten Hochglanzbroschüre glauben kann, die Gesundheitsministerium und Krankenkassen regelmäßig verschicken. Man darf bloß nicht krank werden. Wenn man es doch einmal wird und ins Krankenhaus muss, sollte man wenigstens zuvor auf die Toilette gehen.

Das hatte ein 54-jähriger Patient nicht bedacht. Der Mann, der lieber anonym bleiben will, leidet unter der Parkinsonschen Krankheit sowie unter Arthritis. Als er obendrein einen Herzanfall bekam, rief seine Frau einen Krankenwagen. Die Notaufnahme im Dubliner Mater Hospital war wie immer überfüllt, so dass kein Bett frei war und der Patient mehrere Stunden auf einer Bahre geparkt wurde. Schließlich musste er auf die Toilette.

Als er zurück kam, war die Bahre weg. Die Krankenschwestern hatten sie für einen anderen Patienten benötigt. So musste der Schwerkranke für die nächsten Stunden auf einem Stuhl ausharren. Er traute sich nun nicht mehr auf das Klo, weil er befürchtete, dass er dann auch noch den Stuhl verlieren würde und im Stehen warten müsste.

Nachdem er behandelt worden war, bekam er wenigstens die Bahre zurück. Auf der verbrachte er die nächsten fünf Tage, bis ein Bett frei wurde. Immerhin: Bei einem früheren Krankenhausaufenthalt war er überhaupt nicht in den Genuss eines Bettes gekommen, sondern musste wie ein ungebetener Gast bei der Verwandtschaft auf einer Luftmatratze auf dem Fußboden übernachten.

Es ist kein Einzelfall. Täglich werden mehr als 200 Patienten auf Tragen abgelegt, weil es keine Betten gibt. Die irische Regierung steckt den warmen Geldregen, den ihr das Wirtschaftswunder beschert hat, lieber in den Bau von Autobahnen. Das Gesundheitssystem ist heute in einem schlechteren Zustand als vor 20 Jahren, als Irland noch zum Armenhaus Europas gehörte.

Dafür sind die Iren aber immer fröhlich und voller Whiskey, denn das ist wahre Lebensqualität. An zweiter Stelle bei der EIU-Untersuchung lag übrigens die Schweiz, Deutschland kam abgeschlagen auf den 26. Platz. Das Land mit der schlechtesten Lebensqualität ist Zimbabwe. Dort haben sie weder Whiskey, noch Luftmatratzen.

Rückwärts um die Ecke

Judith hat endlich einen Führerschein. Gerade ist sie 60 geworden. Seit sie und ihr Mann, der 2002 verstorbene Schriftsteller John McGuffin, sich vor mehr als 20 Jahren getrennt hatten, bemühte sich Judith um die Fahrerlaubnis. Vorübergehend hatte sie aufgegeben, weil sie vier Mal durch die Prüfung gefallen war. Ihr war jedesmal dieselbe Ecke zum Verhängnis geworden, da es ihr nicht gelang, rückwärts um sie herumzufahren. Sie landete statt dessen stets an der Laterne.

So machte sie den Mopedführerschein, denn mit einem Moped kann man nicht rückwärts um Ecken fahren. Der Prüfer legte die Route fest, die Judith durch das Belfaster Universitätsviertel nehmen sollte. Er selbst ging zu Fuß, denn er wollte sie unterwegs heimlich beobachten. Da er ein ungewöhnlich großer Mann war, entdeckte Judith ihn schon von weitem hinter einer Hecke. Nachdem sie an ihm vorbeigefahren war, sah sie im Rückspiegel, wie er über die Straße hetzte und eine Abkürzung nahm, um ihr an anderer Stelle erneut aufzulauern. Judith fuhr schließlich immer langsamer, weil der hakenschlagende Prüfer bereits einen bedenklich roten Kopf hatte. Nach einer halben Stunde händigte er ihr schweißgebadet den Führerschein aus.

Viele Jahre vergingen, bis Judith Mut gesammelt hatte, um es nochmal mit dem Autoführerschein zu versuchen. Vielleicht gab es inzwischen eine Direktive aus Brüssel, die das Rückwärtsfahren um Ecken verbot? Die gab es nicht: Auch in der fünften Prüfung fiel der Satz, den Judith fürchtete: »Fahren sie rückwärts um die Ecke.« Sie merkte gleich, dass sie wieder auf die Laterne zielte, die ihr die Sache schon vier Mal vermasselt hatte. Doch plötzlich öffnete sich die Tür des Eckhauses, und eine etwa 50-jährige Frau stürzte heraus. »Zehn Jahre lang täglich 50 Idioten, die rückwärts um diese Ecke fahren«, schrie sie. »Ich werde den nächsten verdammten Fahrschulwagen, der hier übt, in die Luft sprengen.«

Der Prüfer versuchte ihr zu erklären, dass es sich nicht um eine Fahrstunde, sondern um eine Prüfung handelte, doch das war ihr egal. »Ihr seid dieser nächste verdammte Fahrschulwagen«, brüllte sie und pfiff auf zwei Fingern. Das war das Signal für Bob, der wie ein Blitz aus dem Haus geschossen kam. Bob war ein Doberman. Der Prüfer zog es vor, sich ins Auto zu setzen. »Fahren wir eben um die nächste Ecke rückwärts«, erklärte er Judith, die in der Zwischenzeit probiert hatte, die Laterne beiseite zu räumen. Nun sollte sie sich mit einer anderen, ihr völlig unbekannten Ecke herumschlagen.

Doch dazu kam es nicht. Die Eckhausbewohnerin hatte sich keineswegs beruhigt, sondern sprang mit Bob in ihr Auto und nahm die Verfolgung auf. An der nächsten Ecke, an der zu Judiths Entsetzen ebenfalls eine Laterne stand, fuhren Bob und Frauchen dem Fahrschulwagen hinten gegen die Stoßstange und schoben ihn auf die Kreuzung. Der Prüfer änderte kurzfristig das Programm: In Belfast sei es trotz Friedensprozess manchmal wichtiger, den überhasteten Rückzug zu beherrschen als das Rückwärtsfahren um eine Ecke, meinte er. So kam Judith doch noch zu ihrem Führerschein – und die Eckhausbewohnerin zu einer anonym zugesandten Schachtel Pralinen.

Ach ja, die Kinder...

Dublins Jugend hat Humor. Vor allem, wenn sie betrunken ist. Am Wochenende, wenn die Kids spät nachts voll wie die Nattern aus den Diskotheken in der Innenstadt gen Heimat wanken, kommen sie auf die lustigsten Ideen. Mit zweieinhalb Promille kommt es einem vermutlich brüllend komisch vor, einen Kanalisationsdeckel zu verstecken und darauf zu hoffen, dass der nächste Autofahrer in das Loch fährt.

Der nächste Autofahrer war ich. Mein Kleinwagen saß mitten in der Dame Street vor der Zentralbank fest. Natürlich im Halteverbot. Es dauerte nicht lange, bis eine Polizeistreife anhielt. Ich solle sofort verschwinden, bellte der Beamte, sonst gebe es eine saftige Geldstrafe. Außerdem riet er mir, bei nächster Gelegenheit meine Stoßdämpfer prüfen zu lassen, da der Wagen eine merkwürdige Schieflage habe. Ich wies ihn auf die unvorhergesehene Öffnung der Fahrbahn hin, worauf der Polizist lächelte und meinte: »Ach ja, die Kinder...« Schließlich erbarmte er sich und half mir, den Wagen aus dem Loch zu schieben.

An die Heimfahrt war vorerst nicht zu denken, der Reifen hatte eine elliptische Form angenommen. Wenigstens fand ich im Kofferraum ein halbwegs intaktes Reserverad, dass ich unter den hämischen Zurufen einer Gruppe Jugendlicher – wahrscheinlich die Kanalisationsdeckelverstecker – wechselte. Der Polizist sagte, er könne auf die Schnelle keinen neuen Deckel auftreiben und machte sich aus dem Staub. Wieviele Autos in dieser Nacht in dem Kanalisationsschacht landeten, ist mir nicht bekannt.

Eine Woche später wählte ich eine Alternativstrecke durch eine Industriesiedlung, um den Deckeldieben ein Schnippchen zu schlagen. Die Straße führt über eine Brücke, die so stark gewölbt ist, dass man die andere Seite der Brücke erst sieht, wenn man oben auf dem Buckel ist. Da war es jedoch zu spät. Quer über die Fahrbahn war eine Absperrung aus Holzlatten gezogen, davor ein Stoppschild, das nun auf meiner Windschutzscheibe lag.

Ich fuhr in Windeseile über den Gehweg, um eventuell nachfolgenden Autos auszuweichen, parkte in sicherer Entfernung und begann, die gemeingefährliche Hürde beiseite zu räumen, als ein Streifenwagen vorbeikam. Ob ich Straßenschilder sammle, wollte der Beamte wissen und deutete auf das Stoppschild unter meinem Arm. Ich erklärte ihm, dass ich seinen Dienstwagen gerade vor Schaden bewahrt habe, da jemand heimtückisch die Straße gesperrt hätte. Er meinte: »Ach ja, die Kinder...«

Zwei Tage später hatte jemand die Rücklichter an meinem vor dem Einkaufszentrum geparkten Wagen zertrümmert. Ein Mitbürger hatte die Nummer notiert und sie mir mit dem Hinweis, dass es sich bei den Tätern um zwei Jugendliche auf einem Moped handle, hinter den Scheibenwischer geklemmt. Ich ging mit dem Zettel zur Polizeiwache. Nachdem der Beamte den Halter und seine Adresse ermittelt hatte, riet er mir, die Sache zu vergessen: »In dieser Siedlung laufen selbst die Rottweiler nur paarweise herum, ein uniformierter Beamter ist dort seines Lebens nicht sicher.« Ach ja, die Kinder...

Das englische Kettenbriefmassaker

Der gute alte Kettenbrief – selbst das elektronische Zeitalter konnte ihm nichts anhaben. Gerade erhielt ich von einer Kollegin eine e-mail, die ich an zehn Leute weiterschicken sollte. Andernfalls, so drohte man mir, hätte ich mit dem Schlimmsten zu rechnen: finanzieller Ruin, mehrere böse Krankheiten, qualvoller Tod. Als Beweis waren zahlreiche Beispiele angeführt, in denen Menschen leichtfertig auf die Löschtaste gedrückt hatten, statt den Brief weiterzuleiten, und prompt verstarben. Ich schickte die Schreckensmail vorschriftsmäßig weiter, man kann ja nie wissen.

Früher hat man sich auf höfliches Bitten beschränkt, obwohl die Sache viel aufwändiger war. Der Brief musste mehrmals per Hand abgeschrieben werden, man musste eine schöne Ansichtskarte aussuchen und alles heimlich zur Post tragen. Mein Vater war nämlich Postbeamter, und Kettenbriefe waren postalisch nicht zulässig.

Einmal hatte jemand die Idee, mit einem Kettenbrief reich zu werden: Statt eine Ansichtskarte zu schicken, sollte man eine Mark an die oberste Adresse auf dem Kettenbrief überweisen. Ich bekam den Brief im Laufe eines Jahres drei Mal, tat jedesmal meine Pflicht, aber keine müde Mark trudelte ein.

Craig Shergold aus der südenglischen Grafschaft Surrey war erfolgreicher. 1989, als bei dem damals Siebenjährigen ein unheilbarer Hirntumor festgestellt wurde, war sein letzter Wunsch eine Eintragung ins Guinness-Buch der Rekorde. Das wollte er mit der größten Sammlung von Genesungswunschkarten erreichen. Zu diesem Zweck wurde ein Kettenbrief aufgesetzt, der in Windeseile um die Welt ging. Schon bald trafen die ersten Karten ein, bis heute sind es 150 Millionen Stück. An manchen Tagen kamen 10.000 Karten an. Eigentlich gehört der Briefträger ins Guinness-Buch der Rekorde. Die Post musste ihren Computer neu programmieren und richtete Shergold einen eigenen Sortier-Container ein, der im Normalfall für eine ganze Grafschaft ausreicht.

Offenbar wirkten die geballten Genesungswünsche. Shergolds Hirntumor stellte sich als heilbar heraus, dem heute 18-jährigen geht es blendend, doch der Kartenstrom reisst nicht ab und treibt ihn in den Wahnsinn. Schließlich müssen die Umschläge geöffnet werden, bevor sie zur Altpapiersammlung gegeben werden, es könnte ja private Post dabei sein. Shergolds Mutter Marion, die 1993 ein Buch über die wundersame Heilung ihres Sohnes veröffentlicht hat, bettelte vor sechs Jahren verzweifelt im Fernsehen, bloß keine Karten mehr zu schicken.

Ihr Aufruf war vergeblich, der Kettenbrief hatte längst ein Eigenleben entwickelt. Craig Shergold war zu John Craig geworden, und aus den Gute-Besserung-Karten waren firmeneigene Kurzbrief-Vordrucke geworden. Nur die Adresse war dieselbe geblieben. Es gibt tatsächlich genügend Menschen, die das Sammeln von Kurzbrief-Vordrucken für ein vernünftiges Hobby halten. Shergold könnte damit erneut ins Guinness-Buch eingetragen werden.

Ich hingegen will gar nicht ins Guinness-Buch. Aber ich hätte gerne die größte Guinness-Flaschensammlung der Welt. Ich werde einen Kettenbrief starten.

Zuckerwatte im Kopf

Die Sache beruht auf einem Missverständnis. Die Briten glauben, mehr Schokolade zu essen als alle anderen europäischen Nationen. Die kleinen, steinharten Täfelchen des bekanntesten britischen Herstellers fehlen in keinem Laden. Was die Briten aber für Schokolade halten, darf diese Bezeichnung nur aufgrund einer Sondergenehmigung der Europäischen Union führen: Die Firma verwendet Ersatzstoffe statt Kakaobutter.

Wenn das bräunliche britische Lieblingsprodukt wenigstens genießbar wäre! Aber sie injizieren die Schokoersatzhülsen mit garstigen Füllungen – zum Beispiel mit einer Bonbonmasse, die schmeckt, als ob der Chefchemiker sie vorgelutscht hätte. Sie nennen diese Karieskugeln »Pralinen«. Beim englischen »Kuchen« sieht man zumindest, worauf man sich einlässt, denn die grellen Farbkompositionen haben genügend Ähnlichkeit mit Chemiewarnschildern. Doch englische »Pralinen« sind kulinarische Zeitbomben, sie richten ihre Verheerung an, wenn man nicht damit rechnet.

Bei der Debatte um die Staatsbürgerschaft für ausländische Mitbürger stellte die »Zeitung« *Sun* neulich zehn Punkte auf, die die britische Identität am besten verkörpern. Ganz oben stand Zuckerwatte. So kann man die Zahl der Antragsteller drastisch reduzieren: Bevor sie anglisiert werden, müssen sie einen Ballon dieser Zuckerwaffe verspeisen.

Zu den erträglicheren britischen Vorlieben gehört Kit Kat. Diesen Riegel gibt es in vielen Ländern, aber die Briten essen davon 47 Stück pro Sekunde. Das sind mehr als vier Millionen am Tag und fast anderthalb Milliarden im Jahr. Die Produktion eines einzigen Tages hätte aneinandergereiht die Länge des gesamten Londoner U-Bahnnetzes. Der Name des Riegels stammt angeblich von einem konservativen Literaturclub aus dem 18. Jahrhundert, der in einem Gebäude mit so niedriger Decke residierte, dass die Gemälde in der Mitte durchgebrochen werden mussten, damit sie an die Wand passten – genau wie Kit Kat durchgebrochen werden muss, damit es in den Mund passt. Größter Kit-Kat-Fan ist James-Bond-Darsteller Pierce Brosnan, dabei ist er nicht mal Brite, sondern Ire.

Den Briten hingegen scheint neuerdings der Appetit vergangen zu sein. Kit Kat registrierte im vorigen Jahr einen Umsatzrückgang von 5,4 Prozent. Der Hersteller, der Schweizer Multi Nestlé, ist besorgt. Schließlich hatte man den nordenglischen Konkurrenten Rowntree 1989 alleine wegen dessen Kit Kat aufgekauft. Schon Winston Churchill pries den 1935 erfundenen Riegel während des zweiten Weltkriegs als »gesundes und billiges Nahrungsmittel«.

Um dem Kriegsriegel wieder auf die Beine zu helfen, hatte die *Sun* eine Idee. Die »Zeitung« berichtete in einem Werbefeature über den »Kit-Kat-Kode«. Die Körperspracheexpertin Judi James enthüllt auf einer Doppelseite die neun Typen der Riegelesser. Für den Leseunkundigen stellen enthüllte Frauen das Riegelessen nach. Höhepunkt ist der »Doppelakt«: Natasha isst ein Kit Kat und liest dabei die *Sun*. »Dieser Riegeltypus hat ein unglaubliches Gespür für sinnliche Vergnügen«, meint die Expertin: »Kit Kat essen und dabei die Lieblingszeitung lesen. Was will man mehr?« Vielleicht Schokolade statt Kit Kat, eine Zeitung statt der *Sun* und Hirn statt Zuckerwatte?

Die Fawlty Towers von Ludwigshafen

Das Konzert war großartig. Kíla, die eine wunderbare Mischung aus traditionellen, ethnischen, Afro- und Reggae-Rhythmen spielen, haben das Irland-Festival in Ludwigshafen eröffnet. Danach wollen wir im Hotel, nennen wir es aus rechtlichen Gründen »Excalibur«, ein Bier trinken, doch sonntags ist die Hotelbar geschlossen. Wenigstens gibt es eine Mini-Bar auf dem Zimmer. Der Dudelsackspieler Eoin Dillon und ich wollen die Getränke holen, um sie mit den anderen fünf Musikern im kargen Aufenthaltsraum zu teilen. Steffi und Rike, zwei Bekannte von Eoin, bieten an, beim Tragen zu helfen. Wir kommen nur bis zum Fahrstuhl. Der Nachtportier, der Hotelbesitzer Herr N. und sein schnauzbärtiger Kumpan blockieren die Tür, erklären aufgebracht, dass hotelfremde Personen nicht nach oben dürfen und schubsen uns aus dem Fahrstuhl. Das ärgert Eoin. Er beschimpft Herrn N., wobei Worte wie »Fuck you« fallen, die dem polyglotten Hotelbesitzer nicht übersetzt werden müssen. Er ruft die Polizei.

Fünf Minuten später tauchen eine Einsatzleiterin, fünf Beamte und ein Rambo auf. Herr N., ein von Natur aus unfreundlicher Zeitgenosse, der – wie John Cleese in »Fawlty Towers« – seine Gäste für Feinde hält, erklärt den Ordnungshütern, er wolle nicht um drei Uhr nachts seinen Nachtportier ermordet vorfinden. Das sei nicht unsere Art, wende ich ein, doch Herr N. traut uns alles zu. Eoin sei möglicherweise bewaffnet gewesen.

Deshalb soll er das Hotel verlassen. Der schwarz gekleidete Sheriff bestimmt, dass darüber nicht diskutiert werde: »Es geht hier ums Hausrecht.« Eoin sagt, dass er nichts dagegen habe, das Hotel zu verlassen, wird im selben Moment jedoch vom Beschützer aller Nachtportiers aus dem Sessel gezerrt: »Sie verlassen das Hotel auf der Stelle.« Die rüde Behandlung des kooperationsbereiten Musikers löst bei mir einen kurzen Wutanfall aus, worauf der eifrige Beamte mir eine Blutprobe androht, meinen Pass verlangt und dann misstrauisch das irische Dokument beäugt: »So wie sie deutsch reden, sind sie doch nie und nimmer Ire.«

Ich frage ihn nach seinem Namen. Er überreicht mir eine fotokopierte Visitenkarte: »Polizeiobermeister Thomas K.« Das »ober« ist handschriftlich in »haupt« verbessert. Ah, Klein-Rambo ist gerade befördert worden. Die Einsatzleiterin deutet an, dass sie die Sache verfolgen würde, sollte ich etwas über den Vorfall schreiben. Ich werde mich hüten.

Weil wir alle im Ausland leben, sollen wir 300 Mark als Sicherheit hinterlegen. Als Eoin das Geld nicht zügig genug aushändigt, entwindet ihm der frischgebackene Hauptmeister die Scheine und stellt fassungslos fest: »Das schöne Geld – total zerknittert.« An mich gewandt fügt er hinzu: »Da draußen sind 100.000 Ludwigshafener, die erwarten, dass wir auf der Straße für sie im Einsatz sind.« Das hatte ich ihm bereits vor zwei Stunden vorgeschlagen. Im Morgengrauen zieht die beherzte Truppe endlich ab. Am nächsten Tag sind die Beamten zurück: Herr N. hat sie gerufen, weil er an unserem Tisch Drogen gefunden habe – irgendwelche Tabletten. Vermutlich hat Rambo seine Valium verloren.

Der kriminelle Kneipenraucher und das gefangene Auto

Eigentlich hätte Daniel nicht mehr Auto fahren dürfen. Als er mit brennender Kippe in die Kneipe kommt, ist er nämlich bereits angetrunken. Deshalb hat er vergessen, dass in irischen Pubs neuerdings Rauchverbot herrscht. Erst nach einer ganzen Weile bemerkt er überrascht, dass er der einzige ist, der raucht. Dann stellt er freudig fest, dass sich offenbar niemand daran stört. So zündet er sogleich eine neue Zigarette an, kaum dass er die erste auf dem Boden ausgedrückt hat.

Der Wirt, der ihm sein Guinness bringt, schaut zunächst ungläubig auf das verbotene Stäbchen, hält es dann aber für eine Falle einer lustigen Fernsehsendung mit versteckter Kamera, lächelt kurz und tut so, als ob er nichts merkt. Am Nachbartisch hustet eine ältere Dame demonstrativ. Als Daniel, der schon fest damit rechnete, dass ihm Irlands Raucher aus Dankbarkeit eine Marmorstatue stiften würden, sich die dritte Zigarette anzündet, wird es der Dame zu bunt. Sie schnauzt Daniel an, er solle seine Kippe ausmachen, und zwar plötzlich, sonst werde sie die Tabakpolizei informieren. Der Wirt, der seinen Glauben an die versteckte Kamera inzwischen verloren hat, will das verhindern, weil ihm sonst eine saftige Strafe droht. So tunkt er die Zigarette kurzerhand ins Guinness. Daniel, dessen Kippe und Getränk nun ruiniert sind, bekommt einen Wutanfall, was den Wirt dazu veranlasst, ihn aus dem Pub zu verweisen.

Ich überrede Daniel, das Auto stehen zu lassen und bei mir zu übernachten. Es sei ja nur eine Viertelstunde zu Fuß. Daniel willigt ein und lässt sich von mir am nächsten Morgen um acht Uhr wecken, weil er einen wichtigen Termin hat. Als er eine Stunde später an der Kneipe ankommt, stellt er zu seinem Entsetzen fest, dass der Parkplatz mit einer Kette abgesperrt ist. Sein Auto ist gefangen. Der Pub macht erst um zwölf Uhr auf. Seinen Termin kann Daniel abschreiben.

Er kauft sich statt dessen eine Zeitung und macht es sich im Auto gemütlich, als jemand heftig an die Scheibe klopft: Die ältere Dame, die er in der Kneipe beschimpft hat, war auf dem Weg zum Supermarkt und hat ihn wiedererkannt. Daniel kurbelt die Scheibe herunter, worauf die Dame schon wieder einen Hustenanfall bekommt, weil das Auto vollgequalmt ist. Daniel setzt seine Serie von Verwünschungen vom Vorabend nahtlos fort, bis zufällig ein Polizist vorbeikommt. Die Dame ruft ihn herüber und denunziert den zeternden Raucher, der über eine selbst für einen Iren verblüffende Bandbreite von Flüchen verfügt.

Ob er wirklich im Pub geraucht habe, will der Beamte wissen. Er könne sich an nichts mehr erinnern, lügt

Daniel. Deshalb habe er ja sein Auto stehen lassen und sei zu Fuß gegangen. Das sei sehr lobenswert, findet der Polizist und lässt ihn zur Enttäuschung der noch immer hustenden Dame, die auf eine Haftstrafe in einer Nichtraucherzelle gehofft hatte, mit einer Verwarnung davonkommen.

Um zwölf kommt endlich der Gastwirt und fragt Daniel, warum er in seinem Auto übernachtet habe? Daniel erzählt ihm die Geschichte. Das hätte er sich sparen können, meint der Wirt und nimmt die Kette vom Haken. Sie war nicht abgeschlossen.

Der Käse gewinnt immer

Käse kann Katastrophen auslösen. Das weiß man, seit Asterix auf Korsika war und ein lokaler Weichkäse das Piratenschiff vor der Küste durch eine Explosion versenkte. Aber Knochenbrüche? Das passiert nur Engländern.

In Gloucestershire, der englischen Käsegrafschaft, gibt es »eine absolut lächerliche 200 Jahre alte Tradition«, wie der *Guardian* gehässig anmerkte: Erwachsene Menschen rennen hinter einem Käse her, der eine zweihundert Meter lange, äußerst steile Straße hinunterrollt, ohne ihn jemals zu fangen, denn er ist schneller. Die Jagd auf den Käse ist ein Massensport. Voriges Wochenende lockte das Spektakel 4.000 Zuschauer an.

Es gewann der 18-jährige Chris Anderson, der seinen Sieg mit einem gebrochenen Knöchel bezahlte. Man legte ihm seinen Preis, einen acht Pfund schweren Gloucester-Käse, auf die Tragbahre. Er will das Ungetüm nicht essen, sondern in den Trophäenschrank stellen. Der ist hoffentlich geruchsdicht. Bei den Frauen gewann Dionne Carter aus Neuseeland. Sie stürzte kopfüber ins Ziel – blutüberströmt, aber glücklich.

Die Organisatoren waren auch glücklich. Es habe viel weniger Verletzte gegeben, als er erwartet habe, sagte Jim Jones vom Käsekomitee: Zwei Knöchelbrüche, ein zertrümmerter Arm und ein paar Dutzend Platzwunden, so lautete die Bilanz. Da hat es schlimmere Jahre gegeben, ein paar Käsejäger endeten im Rollstuhl.

Nichts ist so verrückt, dass es nicht noch eine Steigerung gäbe. Beim *Guardian* haben sich Veganer darüber beschwert, dass sie von dem halsbrecherischen Treiben ausgeschlossen sind. Yvonne Taylor von der Tierschutzorganisation Peta fordete, den Kuhkäse durch eine pflanzliche Alternative zu ersetzen. Das darf nicht wahr sein. Durch einen Sack Müsli vielleicht, oder eine Mammut-Tofukugel?

Für Veganer ist der Sommer ein Albtraum. Kaum wird es auf der Insel etwas wärmer, erwachen nämlich nicht nur die Exzentriker aus ihrem Winterschlaf, sondern auch die Grillfanatiker – also praktisch jeder englische Mann. Keine Nation äschert mehr Fleisch ein, als die Engländer. Am wärmsten Wochenende des Jahres versengten sie 44 Millionen Würstchen, dazu jeweils eine halbe Million Steaks und Hamburger. Der Geruch von verbranntem Fleisch zog wegen Südwind bis nach Schottland.

Möglicherweise war die Grillwolke schuld daran, dass sich auch nördlich der Grenze englische Schrullen breitmachen. Zwar kullern die Schotten keine Lebensmittel die Straße hinunter, und auch keine Whiskyfässer, was eigentlich schade ist, aber in Duddingston, einem Vorort von Edinburgh, fand jeder Einwohner im Briefkasten einen Umschlag mit der Aufschrift: »Glauben sie an Engel?« Die meisten hielten das für die Werbeaktion einer Sekte und warfen den Umschlag ungeöffnet in den Müll. Das war ein Fehler. Er enthielt Bargeld: Scheine im Wert von 5, 10 und 20 Pfund, insgesamt bis zu 70 Pfund. Duddingston rätselt nun, wer dahinter steckt. Ein Sprecher der Polizei sagte, man sei über die Tat informiert, könne aber nicht ermitteln, weil es keine offizielle Anzeige gegeben habe. Wer sollte sich auch beschweren? Höchstens ein Veganer, weil die Gummierung der Geldbriefe Gelatine enthielt.

Mein Feind, der Baum

Bäume gehören eigentlich zu den Dingen, die in England wenig umstritten sind. Sie verschönern die Umwelt und erfreuen das Auge. Es sei denn, es handelt sich um Leyland-Zypressen. Dann kann es im Land der Kleingärtner schon mal zu Mord und Totschlag kommen.

Diese Zypresse ist eine zufällige Kreuzung zwischen zwei Nadelbäumen aus Nordamerika, die 1888 im Park des Baumsammlers C. J. Leyland entdeckt wurde. Seit den sechziger Jahren wird die Leyland-Zypresse vermarktet. Manche Hobbygärtner schätzen sie, weil sie »in jedem Boden wächst, dem Wind standhält, nicht krankheitsanfällig ist und wie eine Rakete wächst«, wie es in der Werbung heißt. Aber sie hört mit dem Wachstum nicht mehr auf. Sie schafft mindestens einen Meter im Jahr, ein Baum in Kent ist bereits mehr als 40 Meter hoch.

Deshalb wird der rasante Nadelbaum gerne als Hekke angepflanzt – zum Ärger der Nachbarn, die in ewiger Dunkelheit leben müssen. Es gibt inzwischen genauso viele Leyland-Zypressen, wie es Briten gibt: 55 Millionen. Noch nie in der Geschichte der Gärtnerei hat eine Pflanze das ländliche England in den Kriegszustand versetzt. Eine Umfrage ergab, dass 97 Prozent der Befragten für eine Kettensägenlösung sind: Die Behörden sollen bevollmächtigt werden, das gigantische Grünzeug abzuholzen. Der entnervte Umweltminister versprach eine Gesetzesinitiative gegen den Heckenterror. »Die Leyland-Zypresse hat das Leben von Tausenden ruiniert, gerichtliche Schlachten ausgelöst und sogar zu Gewalttaten geführt«, sagte er. Sie ist der Ussama bin Laden der Pflanzenwelt.

Neulich wurde der 61-jährige Uri Bowen des Mordes an seinem Nachbarn angeklagt. Er hatte den 56-jährigen Llandis Burdon nach einem Streit um dessen zwei Meter hohe Hecke erschossen. Die beiden hatten 20 Jahre nebeneinander gewohnt. Der pensionierte Briefträger Phil Bodenham ist wegen der Zypressen um seine Ersparnisse gebracht worden. Der 79-jährige hatte die Leyland-Hecke seines Nachbarn etwas gestutzt, weil die Zweige in seinen Garten in Gloucestershire hineinragten. Doch er schnitt 18 Zentimeter zuviel ab. Das Gericht verurteilte ihn zu 200 Pfund Schadensersatz – und zur Zahlung der Gerichtskosten in Höhe von 15.000 Pfund. Ein anderer Rentner, John Gibbons aus Sunderland, muss monatlich 40 Pfund an seinen Nachbarn zahlen, weil er dessen Zypressen einen Kopf kürzer gemacht hatte. Das garstige Gewächs ist inzwischen sechs Meter hoch, und Gibbons muss tagsüber das Licht in seinem Haus einschalten.

Einmal gewannen aber die Opfer der Monsterhekken: Michael Jones hatte die 25 Meter hohen Zypressen seines Nachbarn um 2,50 Meter verkürzt. Nach einem Prozess, der sieben Jahre dauerte und 100.000 Pfund kostete, bekam er Recht. Daraufhin gründete er »Hedgeline«, eine Hilfsorganisation für Heckenopfer – und für die Opfer von Heckenschützen: Der Kleingärtner George Whitmill wurde mit Gewehrschüssen von seinem Vorhaben abgebracht, die Hecke seines Nachbarn mit der Motorsäge zu frisieren.

Feuchte Luft für die feuchte Insel

Falls Irland demnächst verschimmelt, ist Lidl daran schuld. Die deutsche Supermarktkette, die eine Reihe von Filialen in Irland hat, bietet jeweils montags und donnerstags Sonderangebote feil. Das Angebot reicht von Filzpantoffeln über Kettensägen bis hin zu Großbildfernsehern mit eingebautem DVD-Spieler. Weil die Iren scharf auf Schnäppchen sind, herrscht an den beiden Tagen Hochbetrieb.

An den anderen Tagen ist hingegen wenig los, die Sondertische sind leergefegt, in den Gängen verlieren sich ein paar Kunden. Weil Wein und Orangensaft billiger sind als anderswo, lud ich mir ein paar Kisten in den Einkaufswagen. Es würde ja nicht lange dauern, an der einzigen offenen Kasse stand nur ein Ehepaar an.

Doch dann kam es anders. Der picklige junge Mann, der missmutig am Scanner saß, war offenbar ein Lehrling und nahm die Sache genau. Ich hatte eine Flasche Rotwein und eine Flasche Orangensaft auf das Rollband gestellt und erklärte ihm, dass ich davon noch jeweils 23 Flaschen im Einkaufswagen hätte. »Die muss ich einscannen«, behauptete er. Aber nein, erklärte ich ihm: Es handle sich um 24 Flaschen derselben Sorte, er müsse also lediglich mit Hilfe seiner elektronischen Kasse multiplizieren.

»Das ist nicht die korrekte Art«, sagte er zu meiner Überraschung. »Korrekt ist es, jede Flasche zu scannen.« Ob er nicht wenigstens die eine Flasche 24 mal über den Scanner ziehen könnte, schlug ich vor, schließlich sei der Strichcode bei allen Flaschen identisch. »Das ist nicht die korrekte Art«, zitierte er abermals aus seinem Handbuch für picklige Lidl-Lehrlinge und zwang mich, alle Kartons auszupacken. Hinter mir bildete sich eine für einen Mittwoch ungewöhnliche Schlange. Die Wartenden starrten interessiert auf das Rollband voller Wein. Nach 20 Minuten war alles gescannt und wieder verpackt. »Das war die korrekte Art«, triumphierte der Codestricher.

Am nächsten Tag wollte ich einen Blick auf die Sonderangebote werfen und beobachten, wie der lahme Lehrling mit dem Kundenansturm fertig würde, aber er hatte frei. Offenbar kommt er nur in ruhigen Verkaufszeiten zum Einsatz. Diesmal gab es Luftbefeuchter, die Gebrauchsanweisung war in fünf Sprachen auf der Verpackung abgedruckt. Luftbefeuchter? In Irland? Ich hatte bisher nur mit den gegenteiligen Geräten Bekanntschaft gemacht – mit Luftentfeuchtern. Auf den kleinen, aber entscheidenden Unterschied achteten die Menschen im Schnäppchenwahn aber nicht und balgten sich um die Fäulnisbeschleuniger, die am Abend ausverkauft waren.

Meine Bekannte Mary S., die direkt am Meer lebt, kam stolz mit einem Exemplar nach Hause und erzählte neidisch, dass ihre Schwester sogar zwei Stück ergattert hatte. Dabei sind ihre Buden ohnehin zu feucht. Die Schwestern – und der Rest der Sondertischstrategen – hatten sich die Verpackung nicht genau angesehen, weil sie nicht mit Lidls Chuzpe rechneten, den Iren auf ihrer nassen Insel Luftbefeuchter anzudrehen. In der Lidl-Filiale in Grönland sollen demnächst Kühlschränke angeboten werden.

Wahnsinnige Rinder und verspätete Straßenbahnen

Die Schildbürger sind ausgewandert – und zwar nach Dublin. Dort haben sie die Regierung an sich gerissen. Die irische Hauptstadt leidet seit Jahren unter einem Verkehrsinfarkt. Mit kleinen Gehässigkeiten wie der Umkehrung von Einbahnstraßen oder kilometerlangem Abbiegeverbot wollte man den Dublinern das Autofahren verleiden, versäumte es aber, den öffentlichen Nahverkehr und den Gütertransport auf Vordermann zu bringen.

Das soll nun anders werden. Die Lastwagen, die bisher vom Hafen durch die Hauptstraße im Zentrum müssen und das Chaos multiplizieren, sollen durch einen Tunnel zur Ringautobahn geleitet werden. Vor kurzem stellte man überrascht fest, dass der Tunnel 30 Zentimeter zu niedrig ist, so dass große Lastwagen gar nicht hineinpassen. Eine Aufstockung würde die Eröffnung des Tunnels um zwei Monate verzögern und 20 Millionen Euro kosten. Aber darauf kommt es nun auch nicht mehr an, die ursprünglich genannten Kosten für den Tunnelbau in Höhe von 125 Millionen haben sich ohnehin verfünffacht.

Transportminister Seamus Brennans Lieblingsprojekt, die Straßenbahn, wird auch nicht viel billiger. Seit Jahren sind zwei Strecken geplant, eine davon aus den südlichen Vororten in die Innenstadt ist seit ewigen Zeiten im Bau. Neulich wies ein Verkehrsexperte darauf hin, dass die Straßenbahn laut Plan mitten durch den »Red-Cow-Kreisverkehr« führen wird, das schlimmste Nadelöhr im ganzen Land. Täglich bricht dort der Verkehr zusammen, so dass die Stelle inoffiziell »Mad-Cow-Kreisverkehr« heißt. Schickt man nun auch noch die Tram ins Verderben, werden nicht nur die Rinder wahnsinnig.

Brennan hat vorgeschlagen, die Bahn »auf Stelzen« über den Kreisverkehr zu führen. Die würden 50 Millionen Euro kosten und die Eröffnung der gesamten Strecke um 15 Monate verzögern. Durch die Bauarbeiten wäre nämlich das Straßenbahndepot von der Umwelt abgeschnitten, die Trams wären dort gefangen.

Aber das sind sie ja schon seit Jahren, weil man sie bestellt hat, bevor die erste Schiene gelegt war. Der parlamentarische Ausschuss wies Gerüchte zurück, wonach die Garantie auf die Waggons abgelaufen sei, wenn sie endlich in Betrieb genommen werden. Es sei auch unwahr, dass man eine Bahn für eine Probefahrt per Kran auf die Schienen gehoben und gemerkt habe, dass der Radstand mit der Schienenbreite nicht übereinstimme. Gewundert hätte das niemanden, schließlich beobachtet die Bevölkerung interessiert, wie dieselben Straßen wegen der Tram ständig aufgerissen und wieder zugeschüttet werden. Eine Straße soll innerhalb von acht Monaten sieben Mal neu asphaltiert worden sein. Und die Parade zum St.-Patrickstag, dem irischen Nationalfeiertag, muss wegen der Bahn im nächsten Jahr kleiner ausfallen: Den Umzugswagen ist eine Höhenbegrenzung auferlegt worden, damit sie sich nicht in den Oberleitungen verheddern.

Straßenbahnchef Frank Allen versteht die ganze Aufregung um den Mad-Cow-Kreisverkehr nicht: Bei der Computer-Simulation habe alles tadellos geklappt, die Straßenbahn brauchte keine Minute, um über den Bildschirm zu huschen. Und keins der virtuellen Autos hat gehupt. Vielleicht wäre Irland ja mit einer virtuellen Regierung besser bedient.

Engländer, gut durchgebraten

Nur verrückte Hunde und Engländer gehen hinaus in die Mittagssonne, so besagt ein Sprichwort. Bei den nationalen walisischen Meisterschaften der Hirtenhunde waren beide in der mittäglichen Hitze vertreten: Der verrückte Hund, ein Mischling, pinkelte dem Engländer, Prinz Charles, vor die Füße. Herrchen bekam vom königlichen Ehrengast dennoch einen Ehrenpreis, weil er mit 80 Jahren der älteste Teilnehmer im Feld war. Was hat das Alter des Besitzers eigentlich mit der Leistung des Köters zu tun?

Vielleicht war es ja auch ein Wink mit dem Zaunpfahl: Bei dem Ehrenpreis handelte es sich um ein Werkzeug zum Schafescheren. Bei dem ungeschorenen Mischling wusste niemand, wo hinten und vorne ist, und vielleicht wollte Charles lediglich sicher gehen, beim nächsten Mal am trockenen Ende des Hundes zu stehen.

Bei einem Shitsu kann man den Kopf auch nicht vom Hintern unterscheiden. Doch Monty aus Schottland bekam einen weit besseren Preis als eine Schafschere. Die Royal Bank of Scotland schickte ihm per Post ein Angebot für eine goldene Kreditkarte mit einem Limit von 10.000 Pfund und der Möglichkeit, Meilen für Freiflüge zu sammeln. Doch Herrchen spielte nicht mit und beschwerte sich bei der Bank. Er erhielt als Entschuldigung einen Korb voller Leckereien. Den Hund hatte niemand gefragt, in dem Geschenkkorb lag nicht mal ein Knochen. Wenn jemand meinem Hamster eine Kreditkarte anböte, würde ich zugreifen. Ich kann nämlich seine Unterschrift nachahmen.

Die uniformierten Artgenossen des Mischlings und des Shitsu patrouillierten derweilen den 250 Meilen langen Pennine Way, einen Wanderweg in Yorkshire im Norden Englands. Dort wurden nämlich »boots only hikers« gesichtet: Wanderer, die nichts außer Stiefeln tragen. Kaum wird es in seinem regnerischen Land mal richtig warm, da dreht der Engländer durch. Nacktwandern ist der neueste Spleen eines Volkes, das mit Exzentrikern reich gesegnet ist. Die Polizei weiß nicht, wie man mit den schrulligen Spaziergängern umgehen soll, denn es gibt kein Gesetz, das es verbietet, nackt herumzulaufen – wozu auch, dachte der Gesetzgeber wohl, meist ist das englische Wetter eher für Schirm, Charme und Melone geeignet.

Leider herrscht in England »silly season«, wie das Sommerloch genannt wird. Und so schickte der normalerweise seriöse *Guardian* seinen politischen Reporter Stephen Moss zum Nacktwandern, um zu berichten, was das für ein Gefühl sei. Offenbar ist dem armen Moss die Hitze nicht bekommen. »Es war heiß in der Stadt«, schrieb er, »aber hier, im Schatten des Waldes, spielte eine kühle Brise leicht um mein Gesäß, und ein Spaziergang durch ein Feld hoher Gräser ist ein kitzliges Vergnügen.«

Womöglich hat der Hitzekoller die gesamte *Guardian*-Belegschaft erwischt. Ein Kollege von Moss, Umweltreporter John Vidal, versuchte, ein Ei auf der Motorhaube eines Taxis zu braten, was misslang. Nachdem er es schließlich vor der Abflughalle des Flughafens Heathrow aufgeschlagen hatte, war es nach drei Stunden durchgebraten. Bei Vidals Hirn hatte es nicht so lange gedauert.

Truthahn und Betonfüße

Mary Quinn, unsere Nachbarin, kennt so gut wie jeden in Dublin. Sie kennt auch die dazugehörigen Berufe und handwerklichen Fähigkeiten. Benötigt man einen Maler, Heizungsmonteur oder Fernsehmechaniker, muss man nur Mary Quinn fragen. Neulich schwärmte sie von Manuel, der einen Partyservice betreibt und bei Festlichkeiten aller Art Schnittchen, gebratene Würste und andere Köstlichkeiten der irischen Küche anliefert. Sie hatte ihn für die Geburtstagsfeier ihres Mannes Robbie angeheuert.

Ein paar Tage später warnte sie uns vor Manuel. Waren die Schnittchen vertrocknet oder die Würstchen geplatzt? »Nein, das Essen ist so genießbar wie immer gewesen«, meinte Mary. »Aber er hat mir einen Freund als führenden Holzlattenzaunkonstrukteur Dublins empfohlen.« Mary wollte sich im Garten einen sechs Meter langen Zaun am Nachbargrundstück bauen lassen, weil der alte mittlerweile recht schäbig aussah. Als sie Manuel nach dem Preis fragte, antwortete er: »Da mach dir mal keine Sorgen.«

Mary machte sich aber Sorgen, denn der Experte entpuppte sich als Bonzo, der Bruder von Manuel. Er hatte noch nie einen Zaun gebaut, aber in einem Do-It-Yourself-Buch darüber gelesen. In dem Buch stand nichts über Wurzeln. »Wer hat den Baum so groß wachsen lassen«, fragte er, »dass jetzt die Wurzeln dort liegen, wo der Zaun hin soll?« Er wollte einige Latten vorsichtshalber in Beton eingießen, Mary war inzwischen noch misstrauischer geworden und überlegte, ob es gescheiter wäre, Bonzos Füße in Beton einzugießen und ihn in der Liffey zu versenken.

Um ihr Vertrauen zurückzugewinnen, versprach Bonzo, ihr einen Freilandtruthahn zu Weihnachten zu besorgen – von einem weiteren Bruder, der die Tiere züchtete. »Ich muss vorübergehend den Verstand verloren haben«, meinte Mary, »denn ich willigte ein.« Am Heiligabend um Mitternacht hatte sie alles für das Weihnachtsessen vorbereitet, die Kartoffeln waren geschält, das Gemüse geputzt, der Truthahn gefüllt. Da wehte ihr plötzlich der Verwesungsgeruch vom Truthahn in die Nase. »Der Truthahn ist hinüber, er riecht grauenhaft«, erklärte sie Robbie. »Warum musstest du auch daran riechen«, empörte der sich. »Wir hätten ihn sonst morgen in Ruhe essen können, und keiner hätte etwas gemerkt.«

Wie sollte man nun die Gäste am nächsten Tag satt bekommen? Mary rief ihren Bruder an und bat ihn um Hilfe. Am Heiligabend einen Truthahn zu besorgen, ist keine leichte Aufgabe. Nachts um zwei rief der Bruder zurück. »Sei in fünf Stunden auf dem Parkplatz der Kneipe Halfway House«, sagte er. »Dort findet die Truthahnübergabe statt. Der Eigentümer will dafür eine große Dose Kekse, weil die Katze seine Weihnachtsplätzchen gefressen hat.« Der Onkel der Frau des Bruders hatte bei der Verlosung im Rotary Club einen Truthahn gewonnen, aber vorher bereits einen beim Fleischer bestellt. So hatte er nun einen übrig.

Der Zaun war auch rechtzeitig fertig geworden. Er war schief. Und er hatte 800 Euro gekostet – bei sechs Meter Länge. Dafür hätte Mary einen aus Zinn kaufen können. Beim Schneesturm am ersten Feiertag fiel der Zaun einfach um. Nur die Latten mit den Betonfüßen blieben stehen.

Swinging bridge in swinging London

Mit ihren Millennium-Projekten hat die britische Labour-Regierung überhaupt kein Glück. Erst erlebte sie ein Fiasko mit der Jahrtausendkuppel, dem »Millennium Dome«, dessen Attraktionen so verschnarcht waren, dass das Megazelt Ende 2000 wieder eingepackt werden musste. Die »Millennium Bridge«, die Themsebrücke zwischen der Londoner City und der neuen Tate-Galerie, konnte gar nicht erst richtig in Betrieb genommen werden. Die 60 Millionen Mark teure Brücke, auch »Lichthalm« genannt, ist ein beeindruckendes Kunstwerk, nur für ihren eigentlichen Zweck leider völlig ungeeignet. Die Eröffnung im Juni 2000 ist unvergesslich: Eine riesige Menschenmenge watschelte wie eine Horde Enten über die Brücke – und zwar im Gleichschritt, wenn man überhaupt von Schreiten sprechen kann. Die Leute hielten sich aneinander fest, torkelten dabei aber wie Oktoberfestbesucher. Das Spektakel wurde live im Fernsehen übertragen, und zunächst glaubten die Zuschauer, die Londoner Stadtverwaltung habe aufgrund des feierlichen Anlasses zuviel Freibier ausgeschenkt. Die Architektengruppe, zu der auch Lord Norman Foster und Tony Fitzpatrick gehören, vermutete gar eine Massenpsychose.

Einer der Architekten, Tony Fitzpatrick, verbrachte dann 24 Stunden auf seinem Werk, gab sich vorsichtshalber aber nicht zu erkennen, weil die Leute ihn sonst womöglich in die Themse geworfen hätten. Die Brücke schwankte nämlich wie ein Lichthalm im Wind. Fitzpatrick diagnostizierte bei den Fußgängern »unbeabsichtigtes Synchronwatscheln« – möglicherweise eine neue olympische Disziplin, in der britische Athleten, die ja auf obskure Sportarten spezialisiert sind, eine Massengoldmedaille gewinnen könnten.

Die Architekten hatten den ersten Entwurf in einer Londoner Weinstube auf eine Papierserviette gezeichnet, was das Schwanken der Brücke aber nur unzureichend erklärt. Erhellend ist eher die Tatsache, dass der Entwurf auf Fosters Kindheitserinnerungen an eine Brücke bei Dan Dare basierte. Das ist eine Comicfigur vergangener Zeiten, aber man konnte sich des Eindrucks nicht erwehren, dass er im Juni tausendfach wieder auferstanden ist.

Angeblich hält das Bauwerk selbst einem Erdbeben stand. Das bedeutet allerdings nicht, dass man auch hinüberlaufen kann. Mit dem Menschenandrang hatten die Architekten nicht gerechnet. Auf vier Millionen

Fußgänger im Jahr war die Millennium Bridge ausgerichtet, doch bereits am ersten Wochenende überquerten 500.000 Menschen das Kunstwerk. Die Stadtverwaltung musste eine Sicherheitsfirma damit beauftragen, nur eine bestimmte Anzahl von Menschen gleichzeitig auf das schwankende Ungetüm zu lassen. Der Andrang war jedoch so groß, dass die swinging bridge am nächsten Tag geschlossen werden musste. Nun will man Stoßdämpfer einbauen. Das kostet nochmal rund 16 Millionen Mark.

Offenbar hat es sich nicht bis nach Wales herumgesprochen, dass das Wort »Millennium« einen Fluch in sich birgt. So beschlossen ein paar wirre Waliser, einen drei Tonnen schweren Fels aus den Preseli-Bergen in Pembrokeshire zum knapp 400 Kilometer entfernten Stonehenge zu schleppen – und zwar mit denselben Hilfsmitteln, die ihren steinzeitlichen Vorfahren zur Verfügung standen. Angeblich haben die Leute vor 4500 Jahren die Klamotten, die sie für den Bau des Hünengrabes benötigten, aus den walisischen Bergen zunächst nach Milford Haven, und dann auf dem Seeweg nach Bristol und weiter den Avon hinauf bis in die Nähe der Baustelle geschafft.

Die staatliche Lotteriegesellschaft sponserte die Reise in die Geschichte mit 100.000 Pfund. Die Freiwilligen wollten fünf Kilometer am Tag mit ihrem Stein auf einer Art Holzschlitten zurücklegen, gezogen wurde nur am Wochenende. Doch am ersten Tag schaffte man lediglich anderthalb Kilometer, weil nicht genügend Freiwillige angetreten waren. Es gab doch nicht so viele Verrückte, die in ihrer Freizeit gerne Steine auf einem Schlitten durch die Gegend ziehen.

Nach zwei Monaten hatte man den Brocken fast bis an den Bristol-Kanal geschleppt, aber dann klaute jemand den Schlitten. Den Stein ließ er allerdings zurück. So behalf man sich mit Holzlatten, aber es gelang nicht, die schwere Fracht bis ans Wasser zu schaffen. Ein Mietkran schubste den Millennium Stone in den Kanal, doch der blieb im Schlamm stecken. Nun musste ein Bagger heran, um ihn auf ein Holzfloß zu laden, das ihn zu einem nachgebauten neolithischen Boot in Milford Haven bringen sollte. Kaum war man in See gestochen, da fiel der Stein vom Floß und versank in den Fluten. Taucher mit Spezialausrüstung mussten ihn bergen. Die steinzeitliche Glaubwürdigkeit des Projekts war ja ohnehin längst perdu. Wie hatten das die Leute damals bloß gemacht?

Die Weiterreise wurde weiter verzögert, weil der Fels nicht auf das neolithische Boot passte. Außerdem wollte keine Versicherung der Welt etwas mit dem Projekt zu tun haben. So legte man die Sache vorübergehend auf Eis, zumal das Lottogeld längst aufgebraucht war. Das war im September 2000, als laut Zeitplan eigentlich die Ankunft in Stonehenge gefeiert werden sollte. Ein Vierzehntel des Weges hatte man immerhin zurückgelegt.

Zum Schluss ging es unsteinzeitgemäß weiter: Ein Lastwagen transportierte den peinlichen Stein von Milford Haven zum 70 Kilometer entfernten Nationalen Botanischen Garten von Wales. »Ein sehr passender Ort für den Millennium Stone«, sagte Len Mullins vom Gemeinderat. »Er ist Teil einer Steinausstellung, also steht er dort mit anderen Steinen.« Auch Steine sind nicht gern alleine.

Kaffeefahrt mit Oma

Die Arbeit in München war getan, mein Rückflug nach Dublin ging erst abends, so dass ich mich auf einen entspannten Tag in der bayerischen Hauptstadt freute. Mein Freund Jan H. schlug ein kleines italienisches Café in Schwabing vor, wogegen ich nichts einzuwenden hatte. Es gebe dort guten Wein, sagte Jan und leitete damit das Unheil ein.

Zum Flughafen dauere es höchstens eine Stunde, selbst wenn ich vorher noch meinen Koffer im Hotel in Unterföhring abholen müsse, behauptete Jan und bestellte noch einen Wein: »Liegt ja praktisch auf dem Weg. Du fährst mit der Straßenbahn zum Stachus, dann mit der S-Bahn nach Unterföhring und dort nimmst du ein Taxi. Am Flughafen kannst du dann noch ein Nickerchen machen.« Jan, der Drehbücher für den »Tatort« schreibt, hat offenbar auch im Alltag eine Vorliebe für Finten und für Spannung.

Der Bahnhof von Unterföhring ist eine Baustelle. Man muss über eine wacklige Eisentreppe klettern und auf der anderen Seite der Gleise ein Viertelstündchen am einsamen Bahndamm entlanggehen, bevor man auf menschliche Behausungen trifft. Den von Jan avisierten Taxistand gab es nicht. Es gab überhaupt nichts weit und breit, außer kleinen Einfamilienhäusern. In einem brannte Licht. Ob sie eine Taxi-Rufnummer im Ort hätten, fragte ich.

Der Taxiunternehmer sagte, er habe keinen Fahrer, aber er werde wegen meiner misslichen Lage seine Großmutter mit ihrem schwarzen Audi schicken. Eine Kaffeefahrt mit der Großmutter? Das Flugzeug konnte ich abschreiben.

Nach wenigen Minuten bog ein Wagen mit quietschenden Reifen um die Ecke. »Einsteigen«, befahl die

Fahrerin mit grauer Dauerwelle und dunklem Kostüm. Beim Anfahren wurde ich in die Sitze gepresst, vermutlich hatte sie den Motor frisiert. »Wir nehmen die Landstraße«, entschied sie, »das geht schneller als die Autobahn.« Die Landschaft huschte an mir vorbei, bis uns ein gesetzestreuer Lieferwagen zur Einhaltung der Höchstgeschwindigkeit zwang.

»Jo mei«, bayerte sie und sagte (in hochdeutscher Übersetzung): »Dem kann man ja beim Fahren die Reifen wechseln.« Sie überholte ihn auf einem unübersichtlichen Straßenabschnitt, musste direkt vor ihm wieder einscheren und auf die Bremse steigen, weil die Ampel rot war. Der Lieferwagenfahrer war zunächst überrascht, doch dann wurde er wütend. Er betätigte pausenlos Hupe und Lichthupe. »Ja, was hat er denn«, meinte Großmutter mit Unschuldsmiene. Ich winkte ihm entschuldigend zu, was er offenbar als gestreckten Mittelfinger interpretierte und ausstieg. Zum Glück schaltete die Ampel auf grün.

Auf der nicht allzu langen Geraden vor der nächsten Ortschaft zog Oma an drei Autos vorbei, obwohl uns jemand entgegen kam. Ich quietschte vor Angst, aber sie meinte ungerührt: »Des passt scho. Bei mir hat noch nie jemand das Flugzeug verpasst.« Danach muss ich ohnmächtig geworden sein und kam erst am Flughafen wieder zu mir.

Die Maschine war bereits startklar, aber es gab noch einen Mittelsitz. Ich zwängte mich mit knallrotem Kopf und schweißgebadet zwischen die beiden frisch geduschten und entspannt aussehenden Passagiere, die mit Sicherheit mit keinem Jan befreundet sind. Sie rückten so weit ab von mir, wie es in einem Flugzeug möglich ist.

Salzloses Blutbad in Schottland

Das Elgin Park Guest House in Edinburgh ist eine ordentliche Pension. Jedenfalls war sie es bis zu meinem Besuch. Im Haus herrscht Rauchverbot, das Essen in den komfortablen Zimmern ist aus hygienischen Gründen verboten. Von Trinken ist allerdings nicht die Rede. So beschloss ich, nach einem arbeitsreichen Tag spät nachts noch ein Fläschchen Rotwein zu öffnen. Damit nahm das Verhängnis seinen Lauf.

Der Korkenzieher rutschte ab, die geöffnete Flasche fiel auf den grünen Teppich. Wenn man jetzt Salz hätte, aber wer reist schon mit einem Kilo Salz im Gepäck nach Schottland? Zum Glück gab es eine Schachtel mit saugfähigen Papiertüchern. Während ich den Teppich wienerte, beobachtete ich ungläubig, wie die Weinflasche den offenbar schiefen Resopaltisch hinabglitt, auf den Sessel rutschte und von dort erneut auf den Teppich fiel. Beim Aufprall schoss eine Fontäne Wein aus der Flasche.

Zwar war nur wenig Wein verlorengegangen, aber der hatte ganze Arbeit geleistet. Sessel, Teppich, Bettdecke, das blütenweiße Handtuch, selbst die Tapete, der Fernseher und mein Hemd waren nass und rot. Das Zimmer sah aus wie nach einem Blutbad. Ich versuchte es weiterhin mit den saugfähigen Tüchern, was aber völlig vergeblich war. Als ich die weingetränkten Tücher in der Toilette wegspülen wollte, stellte sich heraus, wie saugfähig sie tatsächlich waren. Sie quollen auf, so dass sie das Klo verstopften, das prompt überlief. Um zu verhindern, dass die Brühe ins Zimmer lief, baute ich mit dem Handtuch, das ohnehin schon versaut war, einen Damm, aber es nützte nichts.

Ich betrachtete überrascht mein Zimmer, das innerhalb weniger Minuten völlig heruntergekommen war.

Um wenigstens den Weingeruch loszuwerden, wollte ich das Fenster öffnen, aber es ging immer wieder zu. So klemmte ich die Schachtel mit den restlichen saugfähigen Papiertüchern zwischen Fenster und Rahmen, doch das Fenster war stärker. Es zerdrückte die Schachtel und schubste sie in den Garten, wo sich die Papiertücher in der Hecke und auf den Blumenrabatten verteilten. Es ist erstaunlich, mit wie wenig Aufwand ein gepflegter Garten in einen Schandfleck für das ganze Viertel verwandelt werden kann.

Ich kam mir vor wie das HB-Männchen, kurz bevor es in die Luft geht, aber zur Zigarette konnte ich wegen des Rauchverbots nicht greifen. Also ging ich vor die Haustür und hörte mit Entsetzen, wie sie hinter mir ins Schloss sprang. Mein Schlüssel lag auf dem Zimmer. Nach einer Weile öffnete die Wirtin im Nachthemd. Sollte ich ihr gleich beichten, dass ich das Gästezimmer verwüstet hatte? Um die Nachtruhe war sie ja ohnehin gebracht. Ich traute mich aber nicht und hoffte, sie würde nicht bemerken, dass ich ein rotgepunktetes Hemd trug.

Sie merkte es aber doch. Ich gestand alles. Nachdem sie das Schlachtfeld inspiziert hatte, sagte sie, dass sie gerade die Biographie des Led-Zeppelin-Managers gelesen habe, in der es ständig um zertrümmerte Hotelzimmer gehe. »Du bist wahrscheinlich auch Rockmusiker«, sagte sie im Brustton der Überzeugung.

Halb gewaschen beim TÜV

Früher galt ein Ire, der sein Auto wusch, als verschroben. Die meisten betagten Kisten, die sich über die Straßen schleppten, wurden nur vom Dreck mühsam zusammengehalten. Dann führten sie auf der Grünen Insel den TÜV ein, und danach sind die erbarmungswürdigsten Kisten von den Straßen verschwunden.

Der TÜV verlangt, dass man das Auto frisch gewaschen und geföntvorführt. Seitdem gibt es Autowaschanlagen in Irland, denn es gilt noch immer als exzentrisch, mit Schwamm und Wassereimer selbst Hand anzulegen. Diesen Service bieten höchstens Kleinkinder an, die sich ein paar Cent für Gummibärchen verdienen wollen. Da die Kids aber nur bis zum Türgriff reichen, bleibt die obere Hälfte des Wagens schmutzig.

Die Waschanlagen haben ebenfalls Nachteile. Es sind keine Waschstraßen, wie man sie im autowaschzwanghaften Deutschland kennt, sondern einfachere Einrichtungen. Manche sind allerdings zu einfach.

Ich musste neulich mit meinem Kleinstwagen zum TÜV und wollte mit einem blitzsauberen Auto dafür sorgen, dass nicht gleich der erste Eindruck meine Chancen verdirbt. Das erwies sich als schwierig. Die erste Waschanlage, die ich aufsuchte, war außer Betrieb – seit Monaten schon, wie der Tankwart erklärte: »Das Ersatzteil ist einfach nicht zu bekommen.«

Die zweite, eine Shell-Tankstelle, versprach in großer, gelber Reklame einen »Car Wash«. Ich folgte dem Leuchtpfeil und stellte fest, dass es sich bei der Waschanlage um einen Kasten mit Schlauch und

Münzeinwurf handelte. Warf man eine Münze hinein, kam Wasser aus dem Schlauch. Das könnte man freilich auch zu Hause tun, und zwar ohne Münzeinwurf. Der einzige Vorteil bei der Shell-Tankstelle ist, dass man durch eine Sichtblende aus gefrostetem Plexiglas geschützt ist und sich nicht dem Spott der Nachbarn wegen der ulkigen Freizeitbeschäftigung aussetzen muss. Dafür war aber jetzt keine Zeit mehr, denn der TÜV schreibt eine exakte Uhrzeit vor, die man einhalten muss, wenn man nicht von vornherein durchfallen will.

Die Esso-Tankstelle warb mit einer »Autowäsche wie von Hand«. Gaben sie einem etwa einen Eimer Wasser und einen Lappen? Es war dann doch ein wenig moderner. Für sechs Euro durfte man an einen Rahmen fahren, an dem flauschige, rotierende Bürsten angebracht waren. Ein elektronischer Bildschirm dirigierte einen in die richtige Position: »Vorwärts! Stop! Ein bisschen zurück! Stop!« Gab man nun den Code, den man für sechs Euro erhalten hatte, in die Tastatur ein, rollte der Rahmen auf Schienen langsam am Auto vorbei.

So weit, so gut. Plötzlich gab es einen Knall, die Bürsten hörten auf zu rotieren und kamen genau an den beiden Türen zum Stehen. Die dritte Bürste lag quer auf der Windschutzscheibe. Ich war im Auto gefangen. Irgendwann bemerkte auch der Tankwart den Kurzschluss und zog die Bürsten zur Seite, so dass ich rückwärts aus der Waschanlage hinausfahren konnte.

Beim TÜV ging wider Erwarten alles glatt, doch der Prüfer war neugierig. Es komme ja oft vor, sagte er, dass Autos vorgeführt werden, bei denen lediglich die untere Hälfte sauber ist, weil Kleinkinder sie gewaschen haben. Aber nur die vordere Hälfte?

Eine Bierwünschelrute gegen den Durst

Sie kennen das Gefühl: Sie irren mit trockener Zunge durch eine fremde Stadt und finden keine Kneipe. Jetzt kann Sie geholfen werden. Henk Muller und Cliff Randell, zwei Wissenschaftler an der britischen Universität Bristol, haben eine Pub-Armbanduhr erfunden, die Sie auf kürzestem Weg an die Tränke führt.

Die elektronische Bierwünschelrute ortet den Standort des Besitzers über Satelliten und verrät ihm auf mündliche Anfrage die nächstgelegenen vier Wirtshäuser. Ist er auf dem rechten Weg, sendet das Gerät beruhigende Piepstöne aus, andernfalls schlägt es Alarm – vermutlich mit einer Wüstenmelodie oder dem Stones-Hit »I can't get no satisfaction«. 500 Pfund kostet das Sicherheitsnetz für schüchterne Alkoholiker, die sich nicht trauen, Passanten nach dem Weg zu fragen.

Offiziell heißt das Gerät »E-Sleeve«, also »elektronischer Ärmel«, denn als Armbanduhr kann man das Ungetüm kaum bezeichnen. Sicher, man schnallt sich das Mini-Display ums Handgelenk. Doch die Elektronik hängt an einer Kunststoffplatte, aus der viele Drähte ragen. Sie reicht bis zum Ellenbogen. Man sollte langärmlige Pullover tragen, damit man im Pub nicht für eine Art Roboter gehalten wird und ein Tässchen Maschinenöl serviert bekommt – was in Großbritannien freilich nicht weiter schlimm wäre, denn das einheimische Bier schmeckt nicht viel besser.

Das »Bristol Wearable Computing Project« von Muller und Randell hat sich auf die Entwicklung tragbarer Computer spezialisiert. Die gibt es längst, könnte man einwenden, doch das Team aus Bristol nimmt den

Begriff wörtlich. Es hat neben dem Pub-Wegweiser einen Rechner erfunden, der wie eine Jacke aussieht und auch so getragen wird. An eine Zusammenarbeit mit irgendwelchen Modehäusern sei bisher nicht gedacht, sagt Muller, und auch wattierte Exemplare für den strengen nordenglischen Winter gibt es noch nicht. Man kommuniziert mit seinem Frühlingsjäckchen über Kopfhörer und Mikrofon und kann sich die Sehenswürdigkeiten einer Stadt erklären lassen.

Es soll auch bei Kunstausstellungen funktionieren: Das Kleidungsstück stellt mit Hilfe von Ultraschall fest, vor welchem Gemälde der Träger steht und informiert ihn ausführlich über das Werk. Geht man auf die Toilette, gibt die Maschine vermutlich die Firmengeschichte von Villeroy & Boch zum besten. Falls Sie also irgendwo einem Menschen begegnen, der seine geschwätzige Jacke anschnauzt, sie möge endlich den Mund halten, ist das durchaus kein Irrer. Es ist Muller. Oder Randell.

Noch nicht getestet wurde, ob sich Cyber-Jacke und Pub-Ärmel vertragen. Die eine möchte dem Besitzer eine Stadt kulturell näherbringen, der andere will immer nur ins nächste Wirtshaus. Allerdings hat der »E-Sleeve« einen Vorteil: Er kann auch beim Heimweg behilflich sein. Leider, so räumt Randell ein, könne das schiefgehen, wenn man das Gerät mit nüchterner Stimme programmiert hat. In diesem Zustand findet man im allgemeinen auch ohne elektronischen Wegweiser nach Hause. Wenn man die Armbanduhr hingegen anlallt, stellt sie sich stur und überlässt den orientierungslosen Trinker seinem Schicksal. Oder sie leitet ihn zum nächstgelegenen Polizeirevier in die Ausnüchterungszelle. Aber dort landet man schließlich auch ohne das unhandliche Gerät.

Kein Leben trotz Puls

Merkwürdig. Die Autos zuckeln gemütlich vor sich hin. Obwohl die Landstraße außergewöhnlich breit ist, überholt niemand. Und das in Irland, wo an jeder Grafschaftsgrenze stolz die Zahl der Verkehrstoten der vergangenen vier Jahre vermeldet wird. Die meisten davon sind der Raserei zum Opfer gefallen.

Die plötzliche Läuterung der irischen Autofahrer hat freilich nichts mit diesen Tafeln zu tun, sondern mit der Einführung eines Strafpunktsystems. Neuerdings bekommt man zwei Punkte und muss 80 Euro zahlen, wenn man zu schnell fährt. Dabei spielt es keine Rolle, ob man fünf oder fünfzig Kilometer über der zulässigen Höchstgeschwindigkeit liegt. Wer innerhalb von drei Jahren zwölf Punkte gesammelt hat, muss den Führerschein für sechs Monate abgeben. Es gibt auch Punkte für Gurtmuffel und Falschparker. Man kann die zwölf Punkte an einem einzigen Tag sammeln, wenn man sich nicht konzentriert, frohlockte der zuständige Minister Noel Dempsey.

Der irische Automobilclub protestierte, dass die meisten Autofahrer die zulässige Höchstgeschwindigkeit gar nicht kennen, oft seien die Schilder schlecht zu sehen. Demnächst wird es noch verwirrender, wenn die alten Schilder gegen neue ausgetauscht werden, auf denen die Geschwindigkeit nicht mehr in Meilen, sondern in Kilometern angegeben ist. Dann macht die Polizei das Geschäft ihres Lebens – vorausgesetzt, sie bekommt ihr kleines technisches Problem in den Griff.

Um die Autofahrer reibungslos abkassieren zu können, hat sich die Polizei ein neues Computersystem für 61 Millionen Euro angeschafft. Es sei der Rolls Royce unter den Computern, freute sich das Ministerium, Papierkram sei eine Sache der Vergangenheit. Eine

Dubliner Polizistin taufte die Maschine auf den Namen »Pulse« und bekam dafür einen Preis. Die Abkürzung steht für »Police Using Leading Systems Effectively« – die Polizei benutzt führende Systeme effektiv.

Tut sie aber nicht. Weil die Regierung den Rotstift ansetzte, bekam ein Viertel aller irischen Polizeireviere gar keinen Computer. Aber auch diejenigen, die bei der Pulse-Lotterie Glück hatten, sind nicht zufrieden. Weil aus Ersparnisgründen nur 17 statt der geplanten 27 Einzelinformationen über jeden Bürger gespeichert sind, ist das teure Gerät gegen Verkehrssünder machtlos: Das Pulse-Gedächtnis enthält keine Autonummern.

Darüber hinaus bricht das System jeden Morgen zusammen, wenn sich sämtliche Revierleiter einloggen, um die Berichte der Nachtschicht zu lesen. Auch Mittwoch und Samstag abends, wenn der Schlussansturm auf die elektronisch registrierten Lottoscheine einsetzt, verabschiedet sich Pulse für eine Weile. »Es gibt einen Puls, aber kein wirkliches Leben«, lästerte die *Sunday Tribune*.

Man hätte für dieselbe Summe, die das Elektronendumpfhirn gekostet hat, jeden Polizisten mit einem Computer, einem Laptop und einem Handy ausrüsten können. Man sollte für das Pulse-Akronym eine neue Bedeutung finden. Wie wäre es mit »Polizei und lausige Scheiß-Elektronik«?

Ein versehentlicher Überziehungskredit

Man hört ja so viel von Trickbetrügern. Michael und Anne aus dem nordenglischen Bradford wollten deshalb auf Nummer sicher gehen, als sie ihren Caravan verkauften. Sie fragten vorher bei der Bank nach, bei welcher Zahlungsmethode nichts schiefgehen konnte. Man riet ihnen zu einer Bankanweisung. Die sei von der Bank garantiert.

Auf die Zeitungsannonce meldete sich ein Interessent aus Südengland. Er wollte den Wagen unbesehen kaufen und am nächsten Tag einen Tieflader vorbeischicken, um den Caravan abzuholen. Der kam jedoch nicht. Statt dessen erhielten Michael und Anne einen Anruf: Der Tieflader habe unterwegs eine Panne gehabt und werde erst morgen kommen. Am nächsten Tag hatte der Tieflader erneut eine Panne. Ob der potentielle Käufer den Tieflader auch unbesehen gekauft hatte?

Am dritten Tag stand er endlich vor der Tür – allerdings morgens um sechs. Der Fahrer machte den verschlafenen Michael und Anne klar, dass er im Auftrag eines Autohändlers arbeite und deshalb die kompletten Kfz-Papiere benötige. Den Abschnitt mit der Ummeldung werde der Händler ausfüllen, da er bereits einen Kunden habe. Dann zückte er die Bankanweisung über 14.000 Pfund und verschwand mit dem Caravan auf dem Tieflader.

Der Filialleiter der Bank schüttelte bedauernd den Kopf: Die Bankanweisung sei gefälscht, dafür könne er kein echtes Geld herausrücken. Michaels Argument, dass er ihnen doch zu der Bankanweisung geraten habe, da sie von der Bank garantiert sei, konnte der

Filialleiter aber nicht entkräften. Froh, noch einmal mit dem Schrecken davon gekommen zu sein, zog Michael mit den 14.000 Pfund von dannen und kaufte einen kleineren Neuwagen, auf den er bereits ein Auge geworfen hatte.

Auf der Jungfernfahrt nach Schottland übernachteten Michael und Anne in einem kleinen Hotel. Um die Rechnung zu begleichen, wollte Anne am nächsten Morgen Geld aus dem Automaten ziehen. Der verweigerte jedoch die Herausgabe: Das gemeinsame Konto sei um 14.000 Pfund überzogen, behauptete die Maschine.

Der Filialleiter hatte sich die Sache mit der Bankanweisung anders überlegt und die 14.000 Pfund in einen Überziehungskredit umgewandelt. Den hatten sie aber nicht beantragt, entgegnete Michael, der das Gespräch sicherheitshalber mit einem Tonband aufnahm. Er habe den Überziehungskredit unbeabsichtigt eben doch angenommen, erklärte ihm der Filialleiter und ließ sich auch durch Michaels Wutanfall nicht aus der Ruhe bringen.

Der Chef der Hauptniederlassung der Bank in Bradford weinte still in seine Ärmelschoner, als Michael ihm das Tonband vorspielte. Über versehentlich angenommene Überziehungskredite stand nichts in den Bankstatuten. Hätte der Filialtrottel sich einfach auf die gefälschte Bankanweisung berufen, wäre die Bank jetzt nicht um 14.000 Pfund ärmer.

Eine Woche später meldete sich die Polizei bei Michael und Anne. Man habe ihren Caravan gefunden. Die Bande, hinter der man schon eine Weile her war, hatte ihn an einen Friseur verkauft. Der hatte 14.000 Pfund dafür bezahlt und fragte bei Michael und Anne nach, wem das Auto denn nun gehöre. Dem Filialleiter, sagte Michael und gab ihm die Telefonnummer der Bank.

Ratze muss nach Irland

Ratze, altes Haus! Als Landsmann darf ich dich doch duzen, oder? Herzlichen Glückwunsch, du hast dir einen echt coolen Job geangelt. Es hatte schon Klasse, wie du einer Reihe deiner senilen Kollegen die unausgefüllten Stimmzettel abgeschwatzt hast. Dein Schachzug, es kurzerhand zur katholischen Doktrin zu erklären, dass die Wahlzettel nur von Kardinälen ausgefüllt werden dürfen, deren Nachname mit demselben Buchstaben beginnt und endet, war genial. Da kann die britische Labour Party noch einiges lernen.

Das bleibt natürlich unter uns. Als Gegenleistung habe ich eine kleine Bitte: Besuch uns mal in Irland. Irische Mönche sind, wie du weißt, vor 1500 Jahren ausgeschwärmt und haben überall das Christentum verbreitet. Hätten sie das damals nicht getan, wärst du heute womöglich Versicherungsvertreter oder Filialmanager bei Aldi. Dank der irischen Missionare leitest du nun eine lukrativere Filiale. Dein Chef kann dir nicht reinreden, du bist unkündbar und musst dich keiner Wiederwahl stellen. Du kannst machen, was du willst – also auch nach Irland reisen.

Wir könnten dir einen tollen Gig anbieten. Meine Freunde Klaus-Thomas Mann und Schinken-Peter haben in Bell Harbour an der Westküste ein Veranstaltungszelt, in das locker 150 Leute hineinpassen. Klaus-Thomas würde dich mit seinem Fiat 500 vom Flughafen abholen, das geht schneller als mit dem Papamobil. Außerdem stammt Klaus-Thomas aus Speyer. Das sagt dir vielleicht etwas: eine hübsche Pfälzer Ortschaft mit einem scharfen Dom, natürlich katholisch, der alles überragt – ein bisschen wie Rom. Schinken-Peter stammt zugegebenermaßen aus dem protestantischen (entschuldige das krasse Wort)

Schleswig-Holstein, aber dafür sind seine Würste göttlich.

Die beiden stehen mit ihrem Geschäft erst am Anfang und könnten etwas Hilfe von oben gebrauchen. Wenn du erklärst, dass die Currywürste rattengeil – du kannst das natürlich auch auf Lateinisch ausdrükken – schmecken, wäre das eine werbewirksame Geste. Schließlich bist du unfehlbar, und das gilt ja wohl auch für die Würstchenfrage. Was du verzehrst, geht natürlich auf Kosten des Hauses. Keine Ursache.

Wenn du schon mal hier bist, könntest du noch eine Kleinigkeit erledigen. Wir haben im Internet bei deinem Fanclub www.ratzingerfanclub.com in Kalifornien einen größeren Posten Bierseidel, T-Shirts, Teetassen, Kühlschrankmagneten und Anstecknadeln – alle mit deinem Bild verziert – billig erstanden, weil der Fanclub befürchtet, dass er auf den Sachen sitzen bleibt, nachdem du deinen Namen geändert hast. Deshalb ist ein wenig Eile geboten: Auf dem Land im Westen Irlands gibt es wahrscheinlich noch ein paar Leute, die nicht wissen, dass du jetzt Benedikt bist.

Wenn du die T-Shirts mit deinem Mädchennamen signierst, werden wir sie sicher los. Bei den Kühlschrankmagneten reicht es, wenn du sie segnest. Für die Bierseidel haben wir uns etwas besonderes ausgedacht: Wir füllen sie mit Wasser, und du verwandelst es in Weizenbier. Ob Hefe oder Kristall, bleibt dir überlassen. Solche Tricks gehören doch zu deiner Jobbeschreibung, wenn ich mich nicht irre.

Also, Ratze: gebongt?

Flusstanz – die Heimsuchung

Die Iren irrten, als sie glaubten, sie könnten die ganze Welt verseuchen und kämen selbst ungeschoren davon: »Riverdance«, das grässliche Tanzspektakel, gastiert nach der Welttournee zu guter Letzt in Dublin. Der Untertitel der Show lautet: »The Homecoming«. Das klingt wie »Heimsuchung«, und das ist es auch.

Der Riesenerfolg des Flusstanzes habe weniger mit einem kollektivem Verlust des Urteilsvermögens zu tun als vielmehr mit den Urinstinkten der Menschheit, meint der US-amerikanische Schriftsteller William McNeill: Der stampfende Rhythmus erinnere an den Herzschlag der Mutter, wie ihn der Fötus vernimmt. McNeills Mutter muss unter Bluthochdruck gelitten haben.

Der Musikkritiker Michael Seaver vergleicht das genau abgestimmte Hüpfen dagegen mit den Armeen Ludwigs XIV. Der Sonnenkönig ließ seine Soldaten solange drillen, bis sie die am meisten gefürchtete Truppe in Europa waren. Diesen Ruf hat heutzutage das Riverdance-Ensemble. Seaver meint, auch die Nazis hätten ihre Freude an den zähen Tänzern und Tänzerinnen gehabt.

Alles fing mit einem Pausenfüller an. Damals, 1994, als Irland wieder einmal das Eurovisions-Kampfsingen austragen musste, weil man den Wettbewerb ein Jahr zuvor gewonnen hatte, trat die Original-Flusstanztruppe auf, um die Wartezeit bis zur Punktwertung zu verkürzen. In sieben Minuten war der Pausentanz damals vorbei, und niemand ahnte, was Komponist Bill Whelan angerichtet hatte. Am nächsten Tag war »Riverdance« Gesprächsthema an den Theken Europas, und im Vergleich zu den grässlichen Liedern, die beim

Wettsingen geboten wurden, empfand man den Tanz zunächst als ganz angenehm.

Das änderte sich geschwind. Während der Schlagerwettbewerb nur einmal im Jahr stattfindet, gab es vor dem Flusstanz kein Entrinnen. In Supermärkten und auf dem Flughafen, in den Neun-Uhr-Nachrichten und in jeder verdammten Musiksendung wurde das Stück gespielt. Was lag näher, als es auf abend- und kassenfüllende Länge zu dehnen? Michael Flatley und Jean Butler sind damit reich geworden, und weil beide geldgierig sind, zerstritten sie sich und gründeten ihre eigenen Shows.

Dass man mit Geld keinen Verstand kaufen kann, beweist der Fall Flatley. Der Flachkopf ernannte sich zum »Lord of the Dance« und zog mit einer derart einfältigen Show herum, dass es einem den Atem verschlägt. Das Bühnenbild wäre selbst einer Blindenschule peinlich. Inzwischen gibt es viele Nachahmer – »Feet of Flames«, »Rhythm of the Dance«, »River of Sound«, »River of Flames«. Ein Wunder, dass die berühmte US-amerikanische Fleischbrötchenkette noch nicht auf den Riverburger gekommen ist.

Flatleys Flussgehüpfe ist schuld daran, dass die US-Amerikaner glauben, das Leben in Irland sei ein einziger langer Tanz, bei dem kräftige Bauernburschen die rothaarigen Mädels durch die Luft wirbeln, während der Leprechaun, der kleine grüne Kobold, zwischen Kleeblättern auf der Blechflöte ein Klagelied intoniert. Möge er Flatley die Beine brechen.

Der Bart bleibt hier

Überfälle auf Geldtransporter gehören längst zum Alltag in Irland. Jedes Jahr werden mehr als fünfzig gepanzerte Fahrzeuge und frisch gefüllte Geldautomaten auf der Grünen Insel geknackt. Die Angestellten der privaten Sicherheitsfirmen, die ein ums andere Mal düpiert werden, lassen sich davon nicht beirren: Sie trinken erstmal Kaffee, wenn sie das Depot mit ihrer wertvollen Ladung verlassen haben.

Das hat sich längst in der Unterwelt herumgesprochen, und so warteten zwei bewaffnete Männer an der Dubliner Tankstelle, an der die Angestellten der Sicherheitsfirma ihren Kaffee zu trinken pflegen. Die mussten, koffeinfrei, ihren Geldtransporter zu einem nahegelegenen Fussballplatz fahren, wo drei weitere Mitglieder der Bande im Auto warteten. Im Handumdrehen waren 2,4 Millionen Euro umgeladen. Die ganze Aktion dauerte kaum eine Viertelstunde.

Zwei Wochen zuvor hatte sich eine andere Bande, die über die Kaffee-Vorliebe der Sicherheitsleute offenbar nicht Bescheid wusste, mehr Mühe gemacht und deren Familien als Geiseln genommen. Die Fahrer mussten am nächsten Tag den Geldtransporter am Stadtrand Dublins auf einem Parkplatz abstellen und das Geld – 2,2 Millionen Euro – in einen Müllcontainer hinter einer Kneipe werfen.

Meine Freunde Jeannette und Martin besitzen ein Haus auf einem Wassergrundstück am Fluss Liffey, keine 50 Meter von dem besagten Parkplatz entfernt. Martin, ein pensionierter Mathematikprofessor, machte sich morgens, wie so oft, mit zwei leeren Weinflaschen und dem Hund Ben auf den Weg zur nahegelegenen Hauptstraße. Dort freute er sich über den Berufsverkehr, mit dem er nichts mehr zu tun hatte, und stellte die beiden Weinflaschen zum Leergut neben den Müllcontainer hinter der Kneipe »Angler's Rest«.

Eine halbe Stunde später hatte die Polizei Martins Haus umstellt. Drei Polizeischäferhunde hielten Ben in Schach, während vier Beamte in Taucheranzügen in die Liffey sprangen. Eine Frau, die im Berufsverkehr am »Angler's Rest« im Stau stand, hatte Martin beschrieben, was nicht sonderlich schwer war, denn er hat den größten und grauesten Backenbart Dublins. Einmal hatte Martin als Komparse in einem Charles-Dickens-Film mitgespielt. Beim Verlassen des Studios hielt ihn der Pförtner auf, riss an dem Backenbart und schrie: »Der Bart bleibt hier! Der gehört der Filmproduktion.«

Die Frau im Stau hatte ausgesagt, dass der Backenbärtige vermutlich ein Anwohner sei, weil er einen

Hund und zwei leere Weinflaschen bei sich hatte. Aber sie hatte noch einen zweiten Mann in einem weißen T-Shirt gesehen, der ein Stück hinter Martin lief und ihrer Meinung nach kein Anwohner war, da er kein Wort mit Martin wechselte. Der hatte den T-Shirt-Träger, der offenbar zur Räuberbande gehörte, aber gar nicht bemerkt, was die Polizei misstrauisch machte. Zwei Tage lang war die Gegend abgeriegelt, Martin und Jeannette waren in ihrem Haus gefangen. Dann entschied die Polizei, dass Martin harmlos sei. Die Staufrau bestätigte, dass er kein Paket aus dem Müllcontainer genommen hatte. Über dieses Versäumnis ärgert sich Martin immer noch.

Knüppel aus dem Sack

Auch in Wales ist bald Weihnachten. Die Schafe sind festlich geschmückt, die berühmten walisischen Chöre üben »Stille Nacht«, in den Tälern ziehen die Weihnachtsmänner von Einkaufszentrum zu Einkaufszentrum. Über das Fest der Liebe müssen sie allerdings noch einiges lernen. Vor einiger Zeit trafen sich 4.000 von ihnen in der Kleinstadt Newtown, um einen Rekord in der Rubrik »Die meisten Weihnachtsmänner auf einem Haufen« aufzustellen.

Damit sie nicht froren, wurde ein Wettrennen veranstaltet. Das macht Durst, und so steuerten die bärtigen Alten danach die nächste Kneipe an. Als die Glokke ertönte, die nicht Weihnachten, sondern das Versiegen der Zapfhähne ankündigte, zogen Dutzende von Weihnachtsmännern plötzlich ihre Ruten heraus und vermöbelten sich gegenseitig. Im Handumdrehen brach eine Massenschlägerei zwischen den angeblich gutmütigen Weißbärten aus, so dass die Polizei anrükken musste. Die Beamten setzten ihre eigenen Ruten aus Hartgummi ein, bekamen die Sache aber erst in den Griff, als sie Tränengas versprühten. Vier Polizisten wurden verletzt, fünf Weihnachtsmänner kamen ins Gefängnis.

Der Veranstalter Dougie Bancroft erklärte, dass die im nächsten Jahr nicht am Weihnachtsmännerwettlauf teilnehmen dürfen. »Das ist genau das Benehmen, das unsere sorgfältig organisierte Veranstaltung in Verruf bringt«, sagte er. »Die Leute könnten glauben, es handle sich um ein Bier-Festival.«

Sind die versoffenen Weihnachtsmänner schuld daran, dass die britische Regierung eine Rangliste der Kneipen aufstellen will? Oder liegt es lediglich an der englischen Sucht, von Krankenhäusern über Schulen bis hin zu Eisenbahnunternehmen alles in Leistungstabellen zu erfassen? Die Pubs sollen von einer Kontrollbehörde nach ihrem »sozialen Verantwortungsbewusstsein« bewertet werden. Da hat die Kneipe in Wales schlechte Karten: Wer einer Horde von Weihnachtsmännern, die schon voll wie Nattern sind, weitere Getränke auftischt, ist gewissenlos. Was sollen die Kinder von Newtown denken, wenn 4.000 stracke Weihnachtsmänner durch den Ort torkeln? Wie sollen die in solch einem Zustand die Schornsteine hinabsteigen, um die Geschenke abzuliefern?

Die Kontrollbehörde will nun eine Abstinenz-Kampagne führen. Die Gerànkeindustrie hält das für »vollkommen unangemessen«, zumal sie die Behörde auch noch finanzieren soll. Es wäre das gleiche, sagte ein Gastwirt, wenn die für die Telekommunikation zuständige Aufsichtsbehörde Kampagnen gegen das Telefonieren führte.

Die Saufkontrolleure vergeben Minuspunkte, wenn der Wirt Alkohol an unter 18-jährige ausschenkt oder die Kundschaft mit Billigangeboten an den Tresen lockt. Der Tabellenführer der Kneipen-Liga serviert vermutlich Tee mit einem Tropfen Milch und Mürbeteigkekse aus ökologisch angebautem Weizenmehl.

Die Kampagne ist Teil von Labours »Alkohol-Schadenbegrenzungsstrategie«, die ausgeheckt wurde, nachdem eine Untersuchung ergeben hatte, dass nur

14 Prozent der Männer und zwölf Prozent der Frauen das empfohlene tägliche Alkohol-Limit kennen. Die walisischen Weihnachtsmänner gehören mit Sicherheit nicht zu dieser Minderheit.

Saumagen Unlimited und Schinken-Peter

Mein Freund Klaus-Thomas Mann ist ein lukullischer Magnet: Im Umkreis von 120 Kilometern zieht er alles an, das mit gutem Essen und Trinken zu tun hat – und umgekehrt: Wo immer ein Bio-Lamm geschlachtet, eine Flasche Red Breast Whiskey entkorkt wird, ist Klaus-Thomas dabei. Seit er im Jahr 2001 an die irische Westküste gezogen ist, arbeitet er emsig daran, das gastronomische Niveau der ganzen Region zu heben. Er importiert Brezeln, Wurst und Wein, und wenn er Gäste bekocht, endet das stets in einem Gelage bis zum Abwinken.

Neulich war er auf dem Weg nach Galway, als er eine Würstchenbude entdeckte. »German Sausages« versprach die Reklametafel. Berliner Currywurst in einem irischen Straßendorf? Klaus-Thomas ging der Sache auf den Grund. Zwei missmutige Wurstbrater standen in dem Würstchenwohnwagen. Der eine, Schinken-Peter, hatte schlechte Laune, weil er in acht Stunden eine einzige Wurst verkauft hatte. Der andere, Schwager Herbert, war depressiv, weil er in Irland keinen Jägermeister finden konnte.

Beide hatten eine letzte Hoffnung. Der einzige Kunde hatte ihnen den Tip gegeben, sich von einem Experten beraten zu lassen. Schinken-Peter kramte einen

Zettel aus der Tasche. »Der Typ heißt Klaus-Thomas Mann und weiß alles über Essen. Er soll ganz in der Nähe wohnen.« Klaus-Thomas fuhr mit seinem Fiat 500 voran, die Würstchenbude mit Schinken-Peter und Schwager Herbert im Schlepptau. Zu Hause flößte man Herbert zunächst eine Flasche Jägermeister aus der Hausapotheke ein, was dessen Stimmung vorübergehend hob, aber zügig ins Koma mündete.

Klaus-Thomas und Schinken-Peter, der den Spitznamen seinem preisgekrönten Holsteiner Schinken verdankt, schmiedeten unterdessen Pläne für eine kulinarische Revolution in Westirland. Das Fest zur Besiegelung der Wurstbruderschaft war der Test. Die irischen Gäste, gewöhnt an schlaffe Ware, die wie Kondome mit Sägespänefüllung aussieht, waren zunächst misstrauisch, verfielen aber der ausländischen Wurstvariation mit zunehmendem Alkoholgenuss.

Das ermutigte die Wurstmissionare zu tollkühneren Plänen. Sie gründeten ein Unternehmen und nannten es »Saumagen Unlimited und Schinken-Peter«. Klaus-Thomas stammt nämlich aus der Saumagen- und Brezelmetropole Speyer, wo man solche Schweinereien isst. Mit der Würstchenbude geben sich die Jungunternehmer aber nicht zufrieden, sie setzen auf Expansion: Schinken-Peter besitzt ein Festzelt mit Profiküche und Platz für 150 Leute, das nun auf dem kleinen Platz vor Klaus-Thomas' Haus in Bell Harbour aufgebaut wird. Den ganzen Sommer über wird es an den Wochenenden Mahlzeiten mit Musik geben.

Und die Nachbarn? »Die sind doch immer die letzten, die nach meinen Festen im Morgengrauen nach Hause wanken«, meint Klaus-Thomas. »Künftig können sie gleich im Zelt bleiben und eine Currywurst mit einem Weizenbier zum Frühstück einnehmen.« Die Ärzte werden später einmal rätseln, warum die Leberwerte von Bell Harbour weit über dem Landesdurchschnitt liegen. Wahrscheinlich werden sie die englische Atomanlage Sellafield dafür verantwortlich machen.

In Windeseile durch die Grüne Insel

So kann man die Verkehrsprobleme natürlich auch lösen: Die irische Regierung hat offenbar beschlossen, die Autofahrer in den Tod zu schicken – und den Nachwuchs gleich dazu. Seit Februar 2005 gilt bei den Geschwindigkeitsbeschränkungen auf der Grünen Insel das metrische System. Die Meile, rund 1,6 Kilometer, ist über Nacht ausgestorben. Statt dessen gibt es neue Schilder mit dem Zusatz »km/h«.

Und es gibt viele davon. 35.000 Stück wurden ersetzt, und weil man schon mal dabei war, hat man 23.000 zusätzliche Schilder aufgestellt. Die Umstellung kostet neun Millionen Euro. Hat der Schwager eines Ministers eine Schilderfabrik? Für die Informationskampagne, die den Autofahrern den Unterschied zwischen Meilen und Kilometern beibringen soll, sind weitere 2,5 Millionen Euro fällig. Das Geld hätte man besser in Schulungskurse für die Verkehrsplaner investiert. Die haben nämlich einen närrischen Schilderwald produziert.

Die Verkehrsregeln besagen, dass man auf kleinen Landstraßen 80 km/h fahren darf – es sei denn, die Schilder behaupten etwas anderes. Und sie behaupten in vielen Landesteilen etwas anderes. In der Grafschaft Clare im Westen darf man die Küstenstraße mit 100 Sachen entlangrasen, was selbst für Michael Schumacher schwierig wäre. In der Ortschaft Kilshanny muss man seine Geschwindigkeit keineswegs drosseln, mitten im Ort wird man durch ein 100 km/h-Schild zur flotten Durchfahrt aufgefordert.

In New Quay, ebenfalls in Clare, gibt es eine Grundschule. Auf der Straße ist mit weißer Farbe das Wort

»Slow« aufgemalt, denn die Iren sind kein visuelles Volk. Kurz danach steht »Slower« auf der Straße. Um ganz sicher zu gehen, gibt es ein gelbes Warnblinklicht, das zum Schulschluss eingeschaltet wird. Direkt daneben steht nun ein Geschwindigkeitsschild: 100 km/h. Das ist kein Einzelfall, es gibt viele Schulen im Land, an denen man in Windeseile vorbeifahren darf. Die Knirpse sollten schleunigst Sprints üben, damit sie eine Chance haben, auf die andere Straßenseite zu gelangen. Vielleicht findet sich unter denen, die ihre Schulzeit überleben, später mal ein Olympiasieger im 100-Meter-Lauf.

In Dublin darf man auf der kleinen Straße zum Cruagh-Friedhof 80 fahren, in der Gegenrichtung aber nur 50. Das ist konsequent: Die Regierung hat es eben eilig, die Leute unter die Erde zu bringen. Ein Bauer aus den Midlands befürchtet das auch. »An der Einfahrt zu meinem Hof stand bisher ein Warnschild«, beklagte er sich bei einem Radiosender. »Jetzt dürfen die Autos mit 100 vorbeihuschen. Ich muss jedesmal meine Frau zum Spähen vorausschicken, wenn ich vom Hof fahren will, weil die Straße ziemlich unübersichtlich ist.« Er hat sich bereits danach erkundigt, ob man eine gesamte Regierung für unzurechnungsfähig erklären lassen kann.

Die Automobilclubs glauben, dass ihre Mitglieder genauso dämlich sind wie die Verantwortlichen für die Schilder. Manche könnten annehmen, dass die neuen Schilder die Geschwindigkeit noch immer in Meilen angeben, sagte ein Sprecher der Autolobby. Die Fahrer, die die Küstenstraße mit 160 km/h entlangsausen, landen unweigerlich im Atlantik. Vielleicht sind wenigstens ein paar Verkehrsplaner darunter.

Stofffroschalarm

Plötzlich wurde sie blass und wühlte in ihrer Handtasche. Dann rief sie: »Der Frosch ist weg!« Caroline Rothenburg und ich hatten am Vorabend gemeinsam eine Lesung in Ostwestfalen bestritten, und nun saßen wir im Zug nach Berlin. Seit 14 Jahren begleitet ein Stofffrosch die drei Mal so alte Caroline auf ihren Reisen. »Er liegt vermutlich noch im Bett«, sagte sie mit Panik in der Stimme. »Ich muss das Hotel verständigen.«

Es war nicht einfach, der Frau an der Rezeption die Dringlichkeit der Situation klarzumachen. »Jawohl, ein Stofffrosch«, schrie Caroline ins Handy, »er hört auf den Namen Mustafa.« Und zu mir gewandt fügte sie vorsorglich hinzu: »Das ist nicht lustig. Jedenfalls im Augenblick noch nicht. Vielleicht, wenn Mustafa in Sicherheit ist.«

Die Hotelempfangsdame versprach, zurückzurufen, sobald das Tier gefunden war. Caroline malte sich in der Zwischenzeit ein Schreckensszenario aus. »Womöglich ist er in die Wäsche geraten und wird gekocht«, sagte sie leise. »Das wäre ihm vor zwölf Jahren beinahe in Bristol passiert.« Das wundere mich nicht, sagte ich, die Engländer kochen wirklich alles und übergiessen es obendrein mit Pfefferminzsoße. Caroline achtete nicht auf meine Zwischenbemerkung, sondern erzählte weiter.

Auch damals war der Stofffrosch im Bett geblieben, und als Caroline den Verlust bemerkte, waren die Betten schon abgezogen. Sie hastete auf den Gängen herum, bis sie eine ältere Hotelangestellte fand. »A little green frog«, sagte sie und zog eine Augenbraue hoch, wie es nur Engländerinnen können, sprang dann aber beherzt in einen gigantischen Wäschekorb, in dem sich das Bettzeug der gesamten Etage befand. Nachdem sie vier Mal hinabgetaucht war, kam sie schließlich mit dem Frosch wieder hoch. »Da hast du Glück gehabt«, sagte ich, »wäre das in Frankreich passiert, hätten ihm wahrscheinlich die Beine gefehlt.«

Caroline ignorierte abermals meine Bemerkung und sprach weiter. »Mustafa ist Fan von 1860 München, den Löwen«, sagte sie. »Er wollte eben auch einmal ein Löwe sein.« Carolines Eltern, also praktisch die Großeltern des Stofffroschs, haben ihm vergangene Weihnachten einen selbstgestrickten Schal in den blauweißen Vereinsfarben von 1860 München geschenkt. »Es war das erste Mal, dass er etwas geschenkt bekommen hat«, sagte Caroline, »und seit er den Schal trug, verlor 1860 kein Spiel mehr.«

Das führte allerdings zum Konflikt, denn Caroline ist Anhängerin von Eintracht Frankfurt, dem Aufstiegskonkurrenten der Löwen. »Ich habe ihm an den letzten Spieltagen den Schal nicht mehr umgebunden«, sagte sie, »und prompt hat 1860 verloren. Ich kam mir etwas schäbig vor.« Zum letzten Spiel, bei dem Eintracht Frankfurt den Aufstieg in die Bundesliga feierte, nahm sie Mustafa nicht mit. »Ich wollte ihm die Demütigung ersparen«, sagte sie, »und nun wird er in der Hotelwäscherei gar gekocht.«

Im selben Augenblick klingelte Carolines Handy. Es war die Frau vom Hotelempfang. »Das Tier sitzt jetzt neben mir«, sagte sie, »wir schicken es ihnen zu.« Aber bitte per Einschreiben, rief Caroline in den Hörer und holte dann eine Flasche Sekt aus dem Bordrestaurant.

Mutter Erde und Vater Sonne

Wenn Wissenschaftler sich langweilen, stellen sie geschwind ein paar neue Theorien auf. Was eignet sich dazu besser, als Stonehenge in der englischen Grafschaft Wiltshire, jenes Neolithbauwerk, das jedes Jahr zur Sommersonnenwende Treffpunkt für New Age Travellers ist und beliebtes Motiv für Plattencover war, als es noch Schallplatten gab.

Ein Wissenschaftler der British University of Columbia, der den Steinhaufen jahrelang beobachtet hat, kam dem mysteriösen Bauwerk nun auf die Spur: Es handelt sich um ein Fruchtbarkeitssymbol – eine Megamöse. Das habe man bisher übersehen, sagt Anthony Perks. Er ist Gynäkologe und kennt sich mit der weiblichen Anatomie aus. Besonders gut sei die Ähnlichkeit von Stonehenge und einer Vagina aus der Luft zu erkennen, meint Perks. Man kann sich gut vorstellen, wie der Bauherr vor 5000 Jahren in einem Hubschrauber über der Baustelle kreiste und die Arbeiter anwies, bei den Schamlippen nicht mit Steinen zu sparen.

Perks, der seine Erkenntnisse im *Journal of the Royal Society of Medicine* veröffentlicht hat, fertigte eine Karte von Stonehenge an, die er Stein für Stein mit dem Diagramm einer Vagina abglich. Bei dem inneren Kreis, der aus zahlreichen, aufrecht stehenden Steinpaaren besteht, die durch oben aufliegende Steinplatten verbunden sind, wird die Sache endgültig klar: Die geschliffenen und rauhen Steine symbolisieren die Vereinigung von Mann und Frau, Vater und Mutter, glaubt Perks. Im Zentrum von Stonehenge stehen natürlich keine Steine, denn das sei ja der Geburtskanal. Wie werden Gynäkologen in 5000 Jahren die gigantische Erdgasleitung interpretieren, die gerade quer durch Irland verlegt wird?

»Im neolithischen Zeitalter gab es das Konzept der Mutter Erde«, erzählte er dem *Observer*, der seinen Artikel mit der Überschrift »Die Vagina-Monolithen« versehen hat. »Stonehenge repräsentiert die Öffnung, durch die Mutter Erde die Pflanzen und Tiere, von denen die Menschen damals so sehr abhingen, auf die Welt gebracht hat.« Dass Stonehenge mit Kenntnis astronomischer Ereignisse wie den Sonnenwenden gebaut wurde, überrascht Perks nicht: Mutter Erde paart sich mit Vater Sonne.

Eine kleine Ungereimtheit weist Perks' Theorie allerdings auf: Stonehenge wurde von verschiedenen Stämmen und Kulturen über einen Zeitraum von mehr als 1500 Jahren errichtet. Hatten die etwa alle eine Vagina vor Augen? Aber eins muss man Perks zugute halten: Seine Gynäkologenphantasien sind nicht viel absurder als die bisherigen Theorien über Stonehenge. In den sechziger Jahren des vorigen Jahrhunderts, als Computer gerade aufkamen, hielten Forscher das Neolithbauwerk für einen Großrechner. Vermutlich hatten die Baumeister damals gerade keine Kieselsteine für einen Taschenrechner zur Hand. Die New Age Traveller behaupteten in den achtziger Jahren, Stonehenge sei ein Flughafen für außerirdische Raumschiffe. Und im Mittelalter glaubten die Leute, dass Stonehenge von Riesen erbaut wurde. Letzteres erscheint am plausibelsten.

Was denn, keine Soße?

Atul hat schlechte Laune. Soeben haben vier englische Ehepaare sein Restaurant betreten, was nicht weiter verwunderlich ist, liegt es doch im Osten Londons. »Mindestens fünf von ihnen werden Chicken Tikka Massala bestellen, da wette ich«, ärgert sich Atul schon mal vorsorglich. Nachdem er die Bestellung aufgenommen hat, kommt er triumphierend zurück an die Bar. »Es sind sogar sechs«, meint er. »Nur die verblondete Frau und ihr Mann wollen Chicken Balti.«

Was hat er gegen Chicken Tikka Massala einzuwenden? »Es ist nicht indisch«, ereifert er sich. »Das haben uns die Engländer aufgezwungen, weil sie über jedes Essen irgendeine blöde Soße kippen müssen. Frag mal in Indien danach. Keiner wüsste, wovon du redest.« In England hingegen kennt jedes Kind diese rötliche warme Mahlzeit, sie ist landesweit das bei weitem beliebteste Gericht. Von den knapp drei Millionen Menschen im Jahr, die indische Restaurants aufsuchen, bestellen 14 Prozent Chicken Tikka Massala.

Auch zu Hause kocht der Engländer gerne sein indisches Süppchen: Mehrere Supermarktketten bieten es im Kochbeutel an, so dass man es getrost zum Beutel Reis in den Kochtopf legen kann. Den kulinarischen Rest bekam das Gericht von Burger King. Seit fünf Jahren montiert die Fleischbrötchenkette auf Wunsch einen Massala-Burger.

Wo das Chicken Tikka Massala herkommt, ist ungewiss. Angeblich soll im Jahre 1970 ein Engländer ein indisches Restaurant in London betreten und Chicken Tikka bestellt haben. »Tikka« sind »kleine Stücke«, und als sie ihm serviert wurden, soll er entsetzt gerufen haben: »Was denn, keine Soße?« Der Kellner nahm den Teller wieder mit, öffnete in der

Küche eine Dose Tomatencremesuppe von Campbell, schüttete sie über die Hühnerschnipsel und kassierte den doppelten Preis. Na, Hauptsache es hat geschmeckt.

Und den Engländern schmeckt es immer besser. Den Restaurants hat der Tikka-Massala-Siegeszug aber wenig genützt, die meisten haben immer noch den Ruf als Futterstationen nach durchzechtem Abend, wo man sich auf das dünne Bier eine dünne Hühnertomatensuppe kippen kann. Das liegt daran, dass die ersten indischen Restaurants in den fünfziger Jahren von Immigranten aus Bangladesch eröffnet wurden, und die lebten nun mal in den ärmsten Vierteln.

Seitdem hat sich die vornehme und entsprechend teure Variante ins Londoner Westend vorgearbeitet. »Seit Jahrzehnten füttern wir die englische Nation«, beklagte sich die Journalistin Yasmin Alibhai dennoch im *Guardian*, »aber die Leute haben weder vor uns, noch vor unserer Küche Respekt.« Restaurantkritiker verirren sich nur selten in indische Restaurants, irgendwelche Auszeichnungen oder gar Michelin-Sterne sind noch seltener. Vielleicht sollten sie allesamt das Chicken Tikka Massala von der Speisenkarte streichen und England in eine kulinarische Krise stürzen.

»Zwei japanische Geschäftsleute wollen sich den Namen des garstigen Gerichts in Großbritannien patentieren lassen«, sagt Atul. »Hoffentlich gelingt es ihnen. Da wird der Engländer blöd gucken, wenn ihm im japanischen Restaurant plötzlich kalter toter Fisch in einer Tomatencremesuppe serviert wird: Sushi Tikka Massala!«

Schwarz, weiß und gestreift

Manchmal ist es in der Kirche unterhaltsamer als im Kino. Vor kurzem gab es eine Gedenkfeier für meine Schwiegermutter Annie, die zwei Jahre zuvor gestorben war, und ihren Bruder Mick, der ihr ein Jahr später folgte. Der Andrang zum Gottesdienst in dem kleinen irischen Ort Timahoe, dem Heimatdorf der beiden, war immens. Selbst in den Gängen standen die Leute dichtgedrängt.

»Ich wusste gar nicht, dass Annie und Mick so beliebt waren«, flüsterte ich meinem Schwager zu. »Die

Leute sind wegen des Pfaffen hier«, flüsterte er zurück. »Wenn der predigt, kommen die Menschen sogar aus den umliegenden Dörfern. Er ist jung, noch keine 60, und er gilt als fortschrittlich, weil er sich immer brisante Themen für seine Ansprachen ausdenkt.«

Heute war sein Thema Mischehen. Nein, nicht die Heirat von Protestanten und Katholiken, ganz so fortschrittlich war der Priester denn doch nicht. Es ging um die Ehen zwischen Schwarzen und Weißen. Das hatte zwar nicht das geringste mit Annie und Mick zu tun, die beide mit Weißen verheiratet waren, aber eine rassenkundliche Lehrstunde von einem, der weder von Schwarzen, noch von der Ehe irgendeinen Schimmer hat, konnte heiter werden.

Vor einem Jahr sei eine völlig aufgelöste Frau zu ihm gekommen, erzählte der Pfarrer, weil ihre Tochter in Dublin einen Schwarzen kennengelernt hatte und ihn nun heiraten wollte. »Die Frau fragte mich, ob er sie töten, rösten und verspeisen werde«, sagte der Pfarrer. »Ich aber sagte ihr, dass der schwarze Mann genauso gut ist wie der weiße Mann: Vor Gott sind wir alle gleich.« Wir Katholiken, meinte er natürlich.

Ein paar Jugendliche hielten es nicht mehr aus und verdrückten sich unauffällig durch die Seitentür, begannen aber lauthals zu lachen, bevor die Tür wieder geschlossen war. Das wirkte ansteckend. In der Kirche ging es zu wie im Film »Das Leben des Brian«, wo alle verzweifelt versuchen, das Lachen zu unterdrücken, wenn der Name des römischen Offiziers Pimmulus Longus fällt. Die Frau neben mir presste sich ein Taschentuch vor den Mund, bis ihr die Tränen kamen, ihr Mann täuschte einen Hustenanfall vor.

Der Pfarrer ließ sich nicht beirren: »Und hat er sie getötet«, rief er in die Kirche, »hat er sie geröstet, hat er sie gegessen?« Die Gemeinde starrte gebannt auf den Pfarrer, der sie schließlich aus der Ungewissheit erlöste. »Nein«, schrie er, »denn der schwarze Mann ist genauso gut wie der weiße Mann!« Wenn solch eine Predigt im 21. Jahrhundert als progressiv gilt, dann gibt es noch viel Arbeit.

Es kam noch besser. Wenige Wochen später kreuzte die Frau erneut beim Pfarrer auf und war schon wieder mit den Nerven fertig. Hatte der schwarze Mann die Tochter am Ende doch verspeist? »Ogottogott«, jammerte die Frau, »meine Tochter ist schwanger.« Ob das Kind gestreift sein werde, wollte sie wissen. »Gott ist gütig«, konnte der Pfarrer sie beschwichtigen. Das Kind werde nicht mit Zebrastreifen geboren, versicherte er ihr und erklärte der Gemeinde: »Was soll ich euch sagen? Das Kind kam durchgehend schokoladenfarbig zur Welt.« Eigentlich schade. Gott hat doch keinen Humor.

Die Reise nach Jerusalem

Die gute, alte »Tube«: Londons U-Bahn ist heruntergekommen, unzuverlässig und unbequem, aber immer noch das schnellste Transportmittel der britischen Hauptstadt. Das liegt allerdings daran, dass man in der Sieben-Millionen-Metropole anders überhaupt nicht vorankommt.

Neulich musste ich nach Heathrow, von wo ich nach Dublin fliegen wollte. Die »Piccadilly Line« führt von der Innenstadt direkt zum Flughafen. Jedenfalls theoretisch. Bis Acton Town, wo sich die Linie gabelt, ging alles gut. Die Bahn war vollgestopft mit Menschen und ihrem Gepäck – Urlaubsreisende, darunter zwei Japaner mit einem furchteinflößenden Schrankkoffer.

Am nächsten Bahnhof kam der Zug zum Stehen. »Das muss South Ealing sein«, sagte ein Engländer in kurzen Hosen und wattierter Weste, ohne von seinem Leihbüchereibuch aufzublicken. »Hier bleibt die U-Bahn jeden Tag stecken.« Nach einer Weile fuhr auf dem Parallelgleis der nächste Zug ein. Man beäugte sich gegenseitig argwöhnisch. Dann kam die Ansage durch das schnarrende Lautsprechersystem: Der Zug auf dem anderen Gleis würde vor unserem abfahren. Im Nu sprangen alle aus dem Abteil und quetschten sich in den anderen Zug, allen voran die beiden Japaner, die trotz Schrankkoffer einen Sitzplatz ergatterten. Nur der kurzbehoste Engländer blieb sitzen. »Ist mir zu voll«, sagte er. »Bis später dann.«

Was er mit der ominösen Bemerkung meinte, wurde an der nächsten Station klar. Unser Zug blieb stehen, während auf dem Parallelgleis die Bahn einrollte, die wir gerade verlassen hatten. Sie war vollkommen leer, bis auf den Engländer mit seinem Büchereibuch. Unser Schaffner verkündete, dass der andere Zug früher als unserer losfahren würde, und wieder setzte eine Stampede quer über den Bahnsteig ein. Als ich mich ins Abteil gequetscht hatte, bemerkte ich, dass die beiden Japaner mit ihrem unhandlichen Gepäckstück neben dem stoischen Engländer saßen. Wie hatten sie das gemacht? Bieten sie im Fernen Osten Drängelkurse an, oder ist das angeboren? Waren es gar zwei identische Japanerpaare mit identischen Schrankkoffern? Ich kam mir vor wie der Hase gegen zwei fernöstliche Igel.

Bei der Station Osterley hatten wir uns an die »Reise nach Jerusalem« gewöhnt. Natürlich saßen die Japaner längst fröhlich im Zug, als ich mich hineingezwängt hatte. Der Schaffner erklärte bedauernd, dass das Personal nichts dafür könne, sondern dass den Zügen von höherer Stelle Priorität zugewiesen werde. Ab jetzt hätten wir aber nichts mehr zu befürchten, denn von nun an verlaufe die Strecke eingleisig, so dass uns der andere Zug unmöglich überholen könne.

Das war gelogen. Zwei Haltestellen vor unserem Reiseziel verkündete der Zugführer, dass unser Zug nur bis Hatton Cross fahren würde – eine Station vor Heathrow. Er entschuldigte sich für die kurzfristige Umdisponierung. Der nächste Zug sei uns aber dicht auf den Fersen. Die Wiedersehensfreude mit dem Engländer, der noch immer auf seinem angestammten Platz saß, neben ihm die beiden Japaner, hielt sich in Grenzen. Mein Flugzeug war über alle Berge.

Neben einer U-Bahnfahrt gehört eine Reise mit der britischen Eisenbahn zu den letzten Abenteuern dieser Welt. Ähnlich aufregend muss früher eine Fahrt mit der Postkutsche durch den Wilden Westen gewesen sein: Man weiß nie, wann man ankommt, ob man ankommt – und ob man lebend ankommt.

Diesmal erwischte es die Passagiere auf dem Weg von Hampton Court zum Londoner Bahnhof Waterloo. Ihr Zug raste mitten im Zielbahnhof in eine leere Vorortbahn, die auf den Gleisen geparkt war. 25 Menschen wurden verletzt, manche schwer. Ich hatte den Knall zunächst für ein einstürzendes Baugerüst gehalten, erfahrene Bahnkunden tippten dagegen sofort auf einen neuen Unfall. In Waterloo war es »menschliches oder technisches Versagen«, gab South West Trains bekannt, die den englischen Südwesten seit der Bahnprivatisierung mehr schlecht als recht versorgt. Das anschließende Tohuwabohu übertraf sogar das übliche Chaos am Freitag zur rush hour. Der Zug nach Guildford via Woking? Gestrichen. Basingstoke? Vergiss es. Southampton? Nichts zu machen. Ich wollte nach Surbiton. Vielleicht um sieben Uhr, hieß es. Tausende von Menschen drängelten sich in der Bahnhofshalle und starrten gebannt auf die prähistorische Anzeigetafel, auf der die Züge ohne Zeit- und Gleisangabe aufgelistet waren. Dann, mit einem endlosen Ratatatatat, klappten die kleinen Täfelchen wie Dominosteine um und kündigten die Abfahrt eines Zuges nach Irgendwo an, nur nicht nach Surbiton. Im Handumdrehen setzte eine Stampede ein.

Ich hatte mich schon auf eine Nacht im Bahnhof eingerichtet, als der Zug nach Surbiton doch noch fuhr. Bis ich das Gleis erreicht hatte, waren die Abteile bereits so voll, dass kleinere Kinder in den Gepäcknetzen verstaut werden mussten. Platz gab es nur noch im Güterwaggon, einer Art fensterloser Viehtransporter mit Holzdielen und Gitterverschlag. Offenbar beförderte man darin normalerweise Entenküken, exotische Papageien oder andere wärmebedürftige Tiere, darauf deutete die eingeschaltete Heizspirale an der Decke hin. Zum Schluss zwängte sich noch ein Bilderbuchengländer mit Stockschirm und Melone in den Viehwagen, dann zuckelte der Zug los.

Nach 200 Metern kam er wieder zum Stehen. Das ist bei britischen Eisenbahnen und der Londoner U-Bahn zwar völlig üblich, aber die Temperatur im Viehwaggon stieg auf über 30 Grad, weil kein Fahrtwind mehr durch die Luke kam. Nach zehn Minuten – bis auf den Bilderbuchengländer hatten sich alle ihrer Jacken und Krawatten entledigt, die widrigen Reiseumstände ansonsten jedoch erstaunlich gelassen hingenommen – ging die Fahrt weiter. An jedem Bahnhof stiegen Menschen hinzu. War ich versehentlich in einen Rekordversuch für das Guinnessbuch der Rekorde geraten?

Dann kam endlich Surbiton. Bis ich gemerkt hatte, dass sich der Viehwaggon nur von außen öffnen ließ und meinen Arm durch die Luke gesteckt hatte, war es schon zu spät. Nächster Halt Hersham. Der Spaziergang hat mir gutgetan.

Der weiße Punkt

Plötzlich geht der Fernseher aus. Dabei läuft das Gerät in unserer Stammkneipe im Nordteil Dublins sonst pausenlos. Am Freitagabend steht seit 40 Jahren die »Late Late Show« auf dem Programm. Der Moderator hat in all den Jahren nur ein einziges Mal gewechselt. Pat Kenny, Großmeister der Langeweile, hat wieder ein paar belanglose Gäste geladen. Worüber sie reden, erfährt man nicht, denn der Wirt hat den Ton abgestellt und stattdessen das Radio eingeschaltet.

Eine Talkshow ohne Ton? Dennoch starren die Zecher ständig mit einem Auge auf den Bildschirm. Declan spielt nervös mit seinem Schlüsselbund. Dann schaltet sich der Fernseher ab. Das kommt eigentlich nur zur Sperrstunde vor. Im Pub macht sich Unruhe breit, die Leute starren ungläubig auf den Apparat, schließlich ist es erst 22 Uhr. Die besonders Durstigen bestellen vorsichtshalber eine doppelte Runde. Nach einer Weile bemerkt der Wirt die Ausnahmesituation und schaltet den Fernseher wieder ein.

Declan spielt erneut mit seinem Schlüsselbund. Prompt geht der Fernseher aus, und Declan kichert vor sich hin, während ein paar Stammgäste pawlowreflexartig eine neue Runde bestellen, obwohl sie noch zwei volle Gläser vor sich haben. »TV-B-Gone«, murmelt Declan, und bevor wir ihn für närrisch halten, zeigt er auf ein Plastikkästchen an seinem Schlüsselbund. »So heißt das Ding: Fernsehen-sei-futsch«, sagt er. »Mein Cousin hat es mir aus den USA geschickt. Damit kann man auf 13 Meter Entfernung jeden Fernseher abschalten.«

Der Glotzenkiller ist von Mitch Altman 2004 in Kalifornien erfunden worden. Das Kästchen, kleiner als ein Streichholzheftchen und in Form eines Mini-

Batman, sendet eine Serie von Infrarotsignalen aus. So kann es eine Minute dauern, bis es das passende Signal für das Gerät gefunden hat. TV-B-Gone war in den USA keine zwei Tage auf dem Markt, da war es schon ausverkauft. Inzwischen hat Altman eine Version für Europa entwickelt (www.tvbgone.com), und zwar mit Deluxe-Ausstattung, die für 25 Dollar verkauft wird.

Damit kann man durch einen einzigen Knopfdruck sämtliche Fernseher in Reichweite abschalten, was auf Flughäfen und in Supermärkten nützlich ist, wo die Flimmerbelästigung geballt auftritt. In Großbritannien wird der Fernsehfutsch von »White Dot« vertrieben wird. Der Name bezieht sich auf den kleinen weißen Punkt, den man einen Augenblick lang sieht, bevor der Bildschirm erlischt.

David Burke, der Vorsitzende der Organisation, sagt: »Die Leute sehen in ihrem Leben zehn bis zwölf Jahre fern. Was könnten sie in dieser Zeit alles machen. Sie könnten sich zum Beispiel mit ihren Kindern unterhalten.« Zehn Jahre lang? Die Kleinen werden begeistert sein. Bei dieser Vorstellung erscheint ihnen vermutlich sogar Pat Kenny attraktiv.

Der ist aber schon wieder verschwunden. Die durstigen Stammgäste haben inzwischen fünf Biere gehamstert, man weiß ja nie. Und sie unterhalten sich zum ersten Mal miteinander: Sie machen gehässige Bemerkungen über den Wirt, der auf einem Stuhl steht und den Fernseher mit den Fäusten bearbeitet. Er lacht aber zuletzt: Inzwischen ist die Sperrstunde gekommen, und niemand hat es bemerkt.

Der Fotograf und die Hausmeister der Hölle

Mit dieser Reaktion konnte niemand rechnen. Ich hatte Timothy lediglich einen kleinen Schokoladen-Weihnachtsmann angeboten, den ich beim Aufräumen im Küchenschrank gefunden hatte. Er war noch nicht mal sonderlich vergammelt. »Weihnachten«, schnaubte Timothy mit rotem Kopf, »erwähne mir gegenüber nie wieder dieses Wort!«

Nachdem ich ihm ein hochprozentiges Beruhigungszäpfchen verabreicht hatte, rückte er mit der Geschichte heraus. Im Dezember hatte er seine neue Freundin kennengelernt. Man plante ein romantisches Weihnachtsfest zu zweit. Am Heiligabend rief eine Religionsgemeinschaft an, die hier nicht identifiziert werden soll. Es ging um einen Fotoband, in dem gezeigt werden sollte, wie die Sektenmitglieder in aller Welt Weihnachten nach Landessitte feiern.

»Ich zog den kürzesten Strohhalm«, sagte Timothy, der freiberufliche Fotograf: »Helsinki.« Fünf Stunden später war er in der finnischen Hauptstadt, die örtliche Sektensektion – vier Brüder in fortgeschrittenem Alter – war bereits informiert. Die Betbrüder hatten eine kleine Überraschung parat: Timothy, dem Iren, seien Saunafreuden wahrscheinlich unbekannt, so vermuteten sie. Das galt es zu ändern. Im Handumdrehen steckten sie den völlig übermüdeten Timothy in einen Glutofen. Als er beinahe gar war, holten die vier Höllenhausmeister ein paar Eschenzweige hervor.

»Ich mußte an den Kollegen denken, der bei der Auslosung Rio gezogen hatte«, meinte Timothy, »und der jetzt vermutlich mit einer Caipirinha an der Copacabana liegen würde, während ich von vier nackten Irren nach Landessitte mit Eschenzweigen ausgepeitscht wurde.« Danach scheuchten sie ihn in den Schnee, der sich aufgrund der milden Temperaturen aber in Schlamm verwandelt hatte.

Nachdem er wider Erwarten auch den Sprung in den See überlebt hatte, wollte Timothy endlich das Foto machen. Finnen, so hatte man ihm erzählt, zünden am Heiligabend eine Kerze auf dem Grab ihrer Mutter an. Das sei schwierig, meinten die vier Fotografenbräter, die Mutter sei im Norden Finnlands beerdigt, sechs Stunden Fahrzeit. »Ich wollte mit dem nächsten Flugzeug nach Hause, um von der Beziehung und vom Weihnachtsfest zu retten, was noch zu retten war«, sagte Timothy, und so überredete er seine Fotoobjekte, eine Kerze auf irgendeinem Muttergrab, notfalls auch einer Andersgläubigen, zu entzünden. Doch offenbar ist es mit der Tradition in Finnland nicht mehr weit her. »Auf dem Friedhof brannte keine einzige Kerze«, stöhnte Timothy, »die Szene war für ein Foto denkbar ungeeignet.«

An einer Nachttankstelle besorgte er sich hundert Kerzen zum Nachttankstellenwucherpreis, erwürgte fast den Tankwart, der auf einen »romantischen Kerzenabend zu zweit« getippt hatte, und montierte die brennenden Wachsprodukte auf hundert Gräber. Endlich hatte er seine vier Peiniger mit weihnachtlicher Miene um ein passendes Grab inmitten des Kerzenmeeres gruppiert und sein Stativ aufgebaut, als er eine schwere Hand auf seiner Schulter spürte. »Jetzt nicht«, schrie Timothy, doch der Fremde ließ nicht locker: »Was machen sie denn hier am Grab meiner Mutter?« Timothy hat das Flugzeug dann doch verpasst.

Der Trend geht zum Zweitbaum

Es ist auch in Britannien Tradition, zum Weihnachtsfest einen Tannenbaum im Wohnzimmer aufzustellen und ihn mit allerlei Glitzerzeug zu behängen. Es gibt sogar die Zeitschrift *The Christmas Tree Monthly*, die Geheimtips für den letzten Schrei in Sachen Baumschmuck verrät. Die Auflage soll stark schwanken. Dass Königin Charlotte diesen Baumbrauch vor rund 200 Jahren aus Deutschland importiert hat, hängt die Weihnachtsbaumindustrie freilich nicht an die große Glocke, um den nationalbewussten Briten nicht das Fest zu verderben.

Charlotte ließ im 18. Jahrhundert erstmals einen Weihnachtsbaum in Kew Gardens aufstellen, jenen Londoner Gärten, die wegen ihrer viktorianischen Gewächshäuser berühmt sind. Zu Unrecht übrigens – es sind Nachbildungen, weil die Parkverwaltung zu geizig war, die Originalteile restaurieren zu lassen. Nun sind auch die Weihnachtsbäume unecht. Tony Kirkham, der für die Pflanzen in Kew Gardens zuständig ist, ließ 40 identische Plastikbäume anfertigen, weil die Natur unfähig ist, Bäume mit so breiten Zweigen zu produzieren, dass 4.000 Kerzen darauf Platz haben. »Es ging nicht um Naturschutz, sondern um den Effekt der Lichter in der Dunkelheit«, sagt Kirkham. »Nachts sehen die Bäume fantastisch aus.« Nachts sind alle Katzen grau. Er hätte die Lichter genauso gut an Laternenmasten schnallen können, das hätte auch fantastisch ausgesehen.

Dabei lockt Kew Gardens die Weihnachtsbesucher mit »Küssen unter dem Mistelzweig, Kränzen aus Stechpalmen und Efeu sowie Weihnachtsbäumen voller Lametta«. Alles Fake. Da kann man sich ja gleich eine aufblasbare Gummipuppe mitbringen und sie unterm Gummimistelzweig mit Gummi... na, reden wir von erfreulicheren Dingen.

Es gibt eine andere Weihnachtstradition in Großbritannien: das Klauen von Weihnachtsbäumen. 70 Millionen Stück Nadelhölzer stehen in britischen Wäldern. Da die Dinger aber nur langsam wachsen, ist lediglich ein Bruchteil davon weihnachtsbaumtauglich. Und auf den haben es die Diebe abgesehen. Viele

Baumzüchter verbringen den Dezember im Wald, um die Bäume zu bewachen. Es steht viel Geld auf dem Spiel, denn der Trend gehe zum Zweitbaum, glaubt ein Züchter. Manche seiner Kollegen haben Flutlicht im Wald installiert und lassen Gänseherden Wache schieben. Zehn Prozent der Bäume werden dennoch gestohlen. Neuerdings machen sich die Diebe nicht mal mehr die Mühe, mit der Säge in den Wald zu gehen. Der Supermarktkette Tesco kamen voriges Jahr 10.000 Stück aus dem Lager abhanden. In diesem Jahr hat man Soldaten im Ruhestand angeheuert, um die verderbliche Ware zu beschützen.

Der Weihnachtsbaummarkt in Großbritannien ist 150 Millionen Pfund im Jahr wert, sei allerdings sehr saisonabhängig, sagt Roger Hay vom »Verband der britischen Weihnachtsbaumzüchter«. Es ist erstaunlich, für was es alles Verbände gibt. Angeblich soll sich bereits eine »Interessengemeinschaft unabhängiger Plastikweihnachtsbaumkonstrukteure« unter Schirmherrschaft von Kew Gardens formieren.

Weihnachtswünsche werden wahr

Bis dahin war es ein netter Abend gewesen. Nach den weihnachtlichen und silvesterlichen Exzessen hatten wir uns auf eine leichte Mahlzeit mit frisch gepresstem Orangensaft getroffen. Die Gespräche drehten sich um das irische Wetter, das uns seit drei Wochen unbarmherzig Sturm und Regen bescherte – ein unverfängliches Thema, bei dem keine Meinungsverschiedenheiten zu erwarten waren.

Dann fragte Astrid: »Und was habt ihr euch zu Weihnachten geschenkt?« Sofort brach es aus Áine heraus, als ob sie auf diese Frage gewartet hatte: »Er hat mir einen Schlagbohrer geschenkt. Zu Weihnachten.« Aber mit Akku-Schrauber, wandte ich ein. Den hatte sie sich für ihre Selbstbauregale gewünscht, auf denen irgendwelche Steinfiguren aufgestellt werden sollen, die sie sich selbst zu Weihnachten geschenkt hatte. Weil der Akku-Schrauber bei einem deutschen Versandhaus kostenlos mit Schlagbohrer und 27 Bohrern angeboten wurde, hatte ich zugegriffen. Ich hätte den Schrauber natürlich getrennt verpacken und die Bohrmaschine selbst behalten können, aber was sollte ich damit? Ich bin doch kein Heimwerker.

»Und«, fragte Astrid, die mich nun für einen Klotzkopf hielt, »was hast du bekommen?« Eine aufblasbare Puppe, antwortete ich. Astrid schwieg betreten, schaute ihren Mann Wolfgang an und griff seine Hand unter dem Tisch. Die beiden sind erst seit kurzem verheiratet. Sie sind noch davon überzeugt, dass sie sich niemals solch garstige Weihnachtsgeschenke machen werden. Es sei nicht so eine Puppe, wandte Áine ein: »Sie ist 60 Zentimeter groß, trägt eine Schürze und hat keinerlei Körperöffnungen, außer am Rücken, um sie aufzublasen. Ich habe sie in einem Joke-Shop gekauft.« »Das ist lustig«, sagte Astrid, aber ihr Gesichtsausdruck verriet, dass sie genau das Gegenteil meinte.

Áine war aber nicht mehr zu bremsen. »Voriges Jahr hast du mir das Kochbuch für arbeitende Frauen geschenkt«, sagte sie. »Das war gemein.« Na und, entgegnete ich, sie habe mir ein U-förmiges Wärmekissen geschenkt, das man in der Mikrowelle aufladen und sich um den Hals legen kann. »Dazu gibt es eine kostenlose Großpackung Inkontinenzwindeln«, sagte ich, »das habe ich im Schnäppchenladen gesehen. Die schenkst du mir wahrscheinlich zum nächsten Weihnachtsfest. Dafür bekommst du von mir dann Stützstrümpfe.« Immer noch besser als die Küchenmaschine, die ich ihr vor zwei Jahren geschenkt habe, entgegnete Áine. »Ach«, rief ich, »den elektrischen Nasenhaarschneider hältst du dagegen wohl für ein geschmackvolles Weihnachtsgeschenk?«

Astrid und Wolfgang waren längst verstummt und lauschten gebannt unserer kleinen Diskussion. Um sie wieder ins Gespräch einzubeziehen, fragte ich: »Und was habt ihr euch zu Weihnachten geschenkt? Wolfgang, nach unseren Aufzählungen etwas verunsichert, schob verlegen seinen Pulloverärmel hoch. »Eine Armbanduhr«, sagte er. »Astrid hat mir eine sehr schöne Armbanduhr geschenkt.« Nun schob auch Astrid ihren Ärmel hoch und sagte: »Wolfgang hat mir diesen wunderbaren goldenen Armreif geschenkt.« Verdammte Spießer.

Der heimliche Entsafter

Eine Satellitenschüssel, mit der man in Irland die deutschen Programme empfangen kann, ist nicht unbedingt ein Segen. Freunde und Verwandte haben mir verboten, nachts die Dauerwerbesendungen anzuschauen. Ich sei zu gutgläubig, sagen sie, meinen aber in Wirklichkeit, dass ich ein Trottel bin. Dabei ist es durchaus entspannend, nach einem arbeitsreichen Tag zwei Menschen zuzusehen, von denen einer wie ein Marktweib ein Produkt anpreist, während der andere mit großen Augen staunt und dieses Produkt grenzenlos bewundert. Das könnte ich sein.

Zur Dauerwerbesendung gehört ein griffbereites Telefon, denn man kann rund um die Uhr Bestellungen aufgeben. Zum Beispiel für den »Rocket Chef«. Im

Fernsehen scheint es spielend einfach, selbst das gemeinste Gemüse in dünne Scheibchen zu zerhäckseln. In Wirklichkeit ist dazu ein erheblicher Kraftaufwand nötig. Mit einer Hand muss man das Gerät festhalten, mit der anderen heftig kurbeln. Und warum ist im Preis ein Ersatzgerät inbegriffen? Aber zumindest funktioniert es auch bei Stromausfall. »Wann hatten wir das letzte Mal Stromausfall«, fragt die Tochter, »als du Gemüse kleinschneiden wolltest?«

Man kann statt dessen freilich ein Messer benutzen. So etwas gibt es auch im Werbefernsehen – ein zwölfteiliges Set im Messerblock. Mit einem davon kann man sogar dicke Gartenschläuche durchschneiden. Das überzeugt mich, bis mich der Nachbar fragt: »Warum willst du einen dicken Gartenschlauch zerschneiden?« Ich muss zugeben, dass mich der Drang, dicke Gartenschläuche durchzuschneiden, bisher nicht überkommen hat, aber es ist ein beruhigendes Gefühl zu wissen, dass man für den Fall gewappnet ist.

Aus dem Staubsauger ist leider nichts geworden. Dabei scheint es ein wahres Wundergerät zu sein, das man sich unter den Arm klemmt und damit die ganze Wohnung in Nullkommanichts von Staub und Spinnenweben befreit. »Nur noch 618 Stück«, droht es aus dem Fernseher. Minuten später heißt es: »Noch 428 Stück.« Jetzt aber hurtig, denke ich mir. Leider sind meine Mitbewohner noch wach und nehmen mir Telefon und Kreditkarte weg. Ich werde vorsichtiger sein müssen.

Beim Glasveredelungsspray verzichte ich freiwillig, obwohl der glatzköpfige Herr, der einen Spiegel damit putzt, zunächst recht überzeugend wirkt. Das Spray strömt aber Zimtduft aus, das ist ein Minuspunkt. Und als der kahle Putzteufel dann einen mit Delfinen verzierten Klodeckel putzt und behauptet, das sehe doch »voll südseemäßig« aus, sehe ich vom Kauf seines Sprays ab.

Beim »Power-Entsafter« kann ich aber nicht widerstehen. Er soll 30 Prozent mehr Saft aus einem Stück Obst herausholen als herkömmliche Geräte. Im Fernsehen haben sie ungeschälte Orangen in die Maschine geworfen. In der Bedienungsanleitung steht dagegen, dass das Obst geschält und entkernt werden muss. Eine Fehlinvestition? Wenn ich täglich vier Liter Karottensaft trinke, hat sich das Gerät in anderthalb Jahren amortisiert. Aber ich muss es gut verstecken und heimlich entsaften, sonst nimmt man mir die Kreditkarte wieder weg.

Wurst-Ralle

Es fing mit einer harmlosen Frage an. »Kannst du ein paar Käsekrainer für mich vom Dubliner Flughafen abholen«, hatte mein Freund Klaus-Thomas Mann gefragt, »und sie mir an die Westküste mitbringen, wenn du am Wochenende kommst?« Kein Problem, dachte ich mir, solange sie nicht singen. Klaus-Thomas' Freunde sind auch meine Freunde, selbst wenn es sich dabei um eine Trachtenjodlertruppe handelte.

Am Flughafen kannte niemand die Käsekrainer, obwohl ich ein großes Schild in den österreichischen Landesfarben hochhielt. Langsam kam mir ein Verdacht. Handelte es sich bei den Käsekrainer möglicherweise nicht um eine österreichische Volkstanzgruppe, sondern um eine kulinarische Spezialität wie die Mozartkugeln? Klaus-Thomas importiert schließlich viele Dinge nach Irland, von Kerzen über Wein bis hin zu tiefgefrorenen Brezeln aus Bayern.

In der Frachtabteilung von Aer Lingus, der irischen Fluggesellschaft, herrschte reger Betrieb. Neben den

Amateuren, wie ich es war, standen die Profis von den Speditionen Schlange. Nach einer Stunde war ich dran. Die 80 Euro, die Klaus-Thomas für die Frachtgebühren avisiert hatte, waren auf 245 Euro angewachsen. »Lagerkosten«, erklärte mir der schlecht gelaunte Flughafenfrachtabfertiger. »Das Zeug liegt in der Kühlhalle.« Um eine Trachtengruppe konnte es sich also kaum handeln, die muss man nicht unterkühlen. Schließlich kam ein Angestellter, um mir die Käsekrainer auszuhändigen, doch sein Kollege stoppte ihn: »Das sind keine Musiker, wie er behauptet hat, es ist Wurst«, schrie er, »66 Kilo. Zehn Kilo ist Privatverzehr, aber 66 Kilo ist kommerziell.« Nun musste das Landwirtschaftsministerium eingeschaltet werden.

Ich sollte am nächsten Tag wiederkommen. Nochmal zwei Stunden Wartezeit. Das Landwirtschaftsministerium entschied, dass die Sache höchst unrechtmäßig sei. »Es sind Bauernseufzer dabei, die keine EU-Nummer haben«, sagte der Ministerialwurstexperte. »Die muss ich konfiszieren. Sie können sie natürlich vor Ort essen.« Fünf Kilo Bauernseufzer? Lieber nicht, seufzte ich, entschied mich für das Konfiszieren und ging nach Hause. Eine Stunde später rief der Wurstbeschlagnahmer an und verkündete, er habe die EU-Nummer auf den Bauernseufzern gefunden: »Ganz klein unten auf der Packung. Du kannst alles abholen, du bist ja offizieller Wurstimporteur.«

Aber nein, entgegnete ich, es handelte sich lediglich um einen Freundschaftsdienst. Ich importiere keineswegs Würste. »Aber dein Name steht auf allen Frachtpapieren. Du musst jetzt ein Formblatt ausfüllen, damit du auch künftig Wurstwaren importieren darfst. Du bist als Wursthändler registriert.« Demnächst würde das Finanzamt vorbeischauen, um zu kontrollieren, wie das Wurstgeschäft läuft.

Meinem Freund Klaus-Thomas, dessen unfreiwilliger wurstimportierender Komplize ich bin, werde ich fünf Bauernseufzer rektal verabreichen, so versprach ich ihm. »Aber wenigstens mit ein bisschen Vaseline«, bettelte er und fragte: »Einverstanden, Wurst-Ralle?« Für diese Unverschämtheit werde ich noch ein Kilo Käsekrainer hinterherschieben.

Bahnfahrt mit Tomatensaft

Zugfahrten in Großbritannien sind etwas für reiche Leute, die geduldig und genügsam sind. Seit die Tory-Regierung die staatliche Eisenbahn in den neunziger Jahren privatisiert hat, ist Reisen auf Schienen zu einem teuren Vergnügen mit ungewissem Ausgang geworden.

Ich möchte von London nach Leeds. Ob ich vielleicht Mitglied der Streitkräfte Ihrer Majestät sei, will der privatisierte Schalterbeamte wissen. Oder ob ich wenigstens eine »New Deal Photocard« besäße? Das klingt wie der biometrische Personalausweis, den »New Labour« gerne einführen möchte. Ohne Card koste die zweieinhalbstündige Fahrt 150 Pfund, erklärt der Ticket-Dealer. Das sind umgerechnet 225 Euro, oder für die Älteren unter uns: 450 Mark. Falls ich aber bis 17 Uhr warte, könnte ich für 82 Pfund fahren. Aha, im Berufsverkehr wird es billiger. Da haben die Knalltüten im Seminar »Eisenbahn für Anfänger« nicht aufgepasst.

Um ihre Inkompetenz zu bündeln, haben sich vier Bahnunternehmen in East Anglia zusammengeschlossen. Deshalb musste ein flotter neuer Name her. Die Marketingnarren hatten eine Idee: »One.« Dieser Name macht die Ansagen durch die schnarrenden Lautsprecheranlagen auf den Bahnhöfen vollends zum Rätsel: »The 5:20 One train leaves from platform 3.« Ist das jetzt der Zug um 20 nach 5 der Linie One oder der Zug um 21 nach 5, der in keinem Fahrplan steht?

Genauso dämlich ist der Name eines Konkurrenzunternehmens: »First.« Der Erste Neun-Uhr-Zug nach Brighton? Ja, fahren denn mehrere Züge um neun nach Brighton? In Wahrheit fährt der Neun-Uhr-Zug ohnehin nicht vor halb zehn, denn die britischen Eisenbahnen sind notorisch unpünktlich. Die Fahrpläne sind eher erstrebenswerte, aber unerreichbare Zielvorgaben. Die Entschuldigungen der Bahnunternehmen sind aber phantasievoll: Mal ist der Zug wegen Herbstlaub auf den Gleisen steckengeblieben, mal sind die Schienen wegen der berüchtigen englischen Sommerhitze verbogen.

Der Zug nach Leeds fährt nahezu pünktlich ab, macht das aber wett, indem er unterwegs noch eine halbe Stunde Verspätung herausholt. Hinter Luton springt er plötzlich wie ein junges Fohlen. Mein Sitznachbar wünscht sich, er hätte ein Mineralwasser statt des Tomatensaftes aus dem Bordrestaurant geholt, weil das auf dem hellen Freizeitanzug nicht weiter aufgefallen wäre.

Das marode Schienennetz ist ein Erbe von Railtrack, dem Privatunternehmen, das von den Bahnunternehmen hohe Summen kassierte und dafür die Gleise in brauchbarem Zustand halten sollte. Statt dessen entließen die Railtrack-Bosse die Hälfte der Belegschaft, teilten das Geld unter sich auf und beschlossen, dass Schienen aus Stahl und daher unverwüstlich sind, so dass man sich nicht weiter um sie kümmern muss. Als viele Strecken von Unkraut überwuchert und unbefahrbar waren, verstaatlichte die Regierung das Schienennetz wieder. Es wird Jahre dauern, bis alle Gleise wieder in dem zwar bedauernswerten, aber weniger lebensgefährlichen Zustand wie vor der Privatisierung sind. Die Strecke nach Leeds steht offenbar weiter unten auf der Liste. Den Erlös aus den Fahrkarten stecken sie bis dahin wohl in die Reinigung der Anzüge ihrer Kundschaft.

Briefmarkensammeln

Dublins Hauptpostamt in der O'Connell Street ist ein imposantes Gebäude. 1916 riefen die Rebellen dort die Republik aus und wurden von den englischen Besatzern dafür hingerichtet. Heutzutage toben die Schlachten um Briefmarken. Vor den Schaltern in der Haupthalle bilden sich jeden Tag lange Schlangen.

Vom Foyer geht links aber eine andere Tür ab, die zu einer Oase der Ruhe führt – zum philatelistischen Büro. Dort bekommt man auch Briefmarken, aber nicht die alltäglichen mit den Vogelmotiven. Wer möchte in diesen unsicheren Zeiten schon Falken, Bachstelzen oder Amseln anlecken? Womöglich bekommt man davon die Vogelgrippe.

Im philatelistischen Büro verkaufen sie schöne, große, bunte Marken, auf denen Eisenbahnen auf Viadukten, historische Rundtürme oder der grübelnde Einstein abgebildet sind. Die Sache hat nur einen Haken: Man muss die Briefmarkensammler in Kauf nehmen, die im philatelistischen Büro herumlungern und darauf lauern, mit Fremden über ihr grausiges Hobby zu diskutieren.

Ben kenne ich bereits, denn er scheint hier zu wohnen. Er weiß inzwischen, dass ich ein Amateur bin, der die schönen Marken tatsächlich auf Briefe klebt, statt sie mit der Pinzette hinter eine lichtundurchlässige Plastikfolie zu schieben. Ben hat sich auf Flugzeugkatastrophen spezialisiert. Das heißt, er sammelt Post, die sich an Bord eines Flugzeuges befand, als es abstürzte. Er habe ein paar sehr schöne Briefe aus der Pan-Am-Maschine, die 1947 im westirischen Shannon verunglückt ist. Seit Jahren ist er hinter einem Brief, oder wenigstens einer Ansichtskarte her, die sich in dem Flugzeug befand, das über dem schottischen Lokkerbie von einer Bombe zerrissen wurde. Ein morbides Hobby.

Aber nein, versichert Ben. Er habe die Flugzeuge ja nicht abstürzen lassen. »Es waren historische Ereignisse«, sagt er. »Außerdem bin ich nicht der einzige, der so etwas sammelt.« 1996 ist die internationale »Wreck and Crash Society« gegründet worden, deren Mitglieder alles sammeln, das mit Flugzeug-, Eisenbahn- und Schiffskatastrophen zusammenhängt.

Dagegen klingt Cathals Hobby harmlos: Er sammelt die maritimen Poststempel Irlands im späten 19. Jahrhundert. Peter ist hinter Pilzmarken her. Und Connors Steckenpferd ist Katapultpost. Das ist Post, die von einem Flugzeug transportiert worden ist, das von einem dampfgetriebenen Katapult auf einem Schiff gestartet wurde. Ein begrenztes Sammelgebiet: Die erste Katapultpost gab es 1928, die letzte Anfang der dreißiger Jahre.

Einmal konnte ich vor den Experten mit meinem philatelistischen Wissen angeben. Ob einer von ihnen die irische 24-Cents-Marke von 1867 besitze, fragte ich. In Irland herrschten damals die Briten, höhnten die Experten, und die haben bis heute ihre Pence. Cent-Briefmarken gebe es in Irland erst seit dem Euro. Das stimme nicht ganz, entgegnete ich: Die 24-Cents-Marke sei von den Feniern gedruckt worden, einem Geheimbund, der den Umsturz plante und für die Zeit danach offenbar alles bis ins Detail durchdacht hatte, sogar die Einführung des metrischen Systems. Nur eins vergaßen sie: Die Briten aus dem Land zu jagen. Die 24-Cents-Marke kam nie in Umlauf.

Bienchen hat ausgesummt

Gebt dem Engländer ein Tier, und er wird die passende Seuche dazu erfinden. Erst infizierte er Hunderttausende Rinder mit BSE, dann schickte er den Überlebenden die Maul- und Klauenseuche und erledigte als Zugabe gleich noch ein paar Millionen Schafe und Schweine. Aber auch kleinere Tiere können sich im Land des warmen Bieres keineswegs sicher fühlen.

Vor ein paar Jahren waren die Frösche dran, rund 100.000 der nassen grünen Tiere gingen an einem heimtückischen Virus ein. Ihr Tod war qualvoll: Den Fröschen fielen die Beine ab, sie bluteten aus dem Mund und bekamen Hautgeschwüre.

Und nun die Honigbienen. Vom Südwesten Englands breitet sich eine Milbe aus, die den Bienen so lange das Blut aussaugt, bis sie tot sind. 750 Bienenstöcke sind bisher befallen, und die »Varroa-Zerstörungsmilbe«, wie sie offiziell heißt, stößt unaufhaltsam nach Norden vor. Bald wird sie ihr Unwesen auf der ganzen Insel treiben. Das ist freilich nicht das erste Mal. Der blutsaugende Parasit fiel bereits 1992 über die meisten der 35.000 Bienenstöcke her. Mehr als fünf Milliarden Bienen, die Hälfte des britischen Bestandes, wurden dahingerafft. Da der Engländer seine Tierseuchen gerne mit anderen Ländern teilt, schickte er die Varroa um die Welt und dezimierte die Honigbienen auf dem Planeten um ein Viertel.

Doch dann entwickelte ein Pharmakonzern ein chemisches Mittel gegen die gemeine Milbe, und so musste man sich auf der Insel etwas Neues einfallen lassen. Jetzt ist es soweit: Die Varroa ist zurück in England, und diesmal ist sie besser gewappnet. Sie ist ein wenig mutiert, so dass das chemische Mittel ihr nichts mehr anhaben kann. Viele Bienenzüchter haben entnervt das Handtuch geworfen.

Für die meisten ist es ohnehin nur ein Hobby. Die Bienenzucht wird in England von älteren Herren mit Tweedmützen und Sherlock-Holmes-Pfeifen betrieben. Der Verband ist wie ein Geheimbund organisiert, die Mitglieder sind scheu, als ob sie einem perversen Hobby frönen. Keiner gibt freiwillig seinen Namen preis, schon gar nicht, wenn seine Kolonie von Milben befallen ist. Es könnte ja ein Hinweis auf mangelnde Hygiene der Bienen und ihres Züchters sein. Die britische Regierung hat einen Bieneninspektor eingestellt, der die Verbreitung der resistenten Varroa beobachten soll. Er hat es nicht leicht.

»Es gibt eine Menge verschwiegener Bienenzüchter«, sagt Inspektor Richard Ball, »die uns den Milbenbefall verheimlichen.« Die Regierung ist weniger an der Rettung der Honigindustrie interessiert, da sie nur 15 Millionen Pfund im Jahr abwirft. Aber die Bienen sind für die Bestäubung zuständig, die Tiere kommen viel herum: Mit einem Liter Honig als Antrieb für ihre vier Flügel schaffen sie fast zweieinhalb Millionen Kilometer. Daran sollte sich die Autoindustrie ein Beispiel nehmen. Ohne Honigbienen würde fast die Hälfte der britischen Ernte ausfallen, und die ist immerhin sieben Milliarden Pfund im Jahr wert. Muss der Engländer nun verhungern? Das wäre zumindest sein Meisterstück in Sachen Zerstörung.

Ein Nashorn im Wasser

Nashörner sind merkwürdige Tiere. Sie kommen und gehen. Jedenfalls in Irland. Vor einigen Monaten tauchte eine lebensgroße Bronzeplastik eines Rhinozeros' in dem kleinen Dubliner Fluss Dodder auf. Niemand weiß, wer das Kunstwerk geschaffen hat – und vor allem, wie er das schwere Tier unbemerkt im Fluss platziert hat. Die verblüffte Nation rief sogleich einen Wettbewerb aus, um das namenlosen Nashorn zu taufen. Es gewann »Rhino O'Neal«, zu Ehren des Schauspielers, der so ähnlich heißt, aber anders aussieht. Schwamm drüber.

Seitdem ist viel Wasser den Dodder heruntergeflossen – zu viel für Rhino O'Neal. Bei einem schweren winterlichen Regen verschwand das bronzene Nashorn eines Nachts genauso plötzlich, wie es aufgetaucht war. Die Nation hofft bangen Herzens, dass es im Schlamm unter den Wassermassen überlebt hat und im Frühling wieder zum Vorschein kommt.

Das Rhinozeros war freilich nicht das einzige Objekt, das Schaden erlitt. Ganze Straßenzüge in Dublin und anderen Städten im Osten und Süden der Insel versanken in den Fluten. Howth Head, eine Erhebung im Norden der Hauptstadt, die von den Iren als Berg bezeichnet wird, brach einfach ab. Die Zufahrtsstraße zu den Häusern der Reichen und Schönen wurde unter zwei Meter Geröll verschüttet.

Heinrich Böll hatte 1957 in seinem »Irischen Tagebuch« geschrieben: »Der Regen ist hier absolut, großartig und erschreckend. Man kann diesen Regen schlechtes Wetter nennen, aber er ist es nicht. Er ist einfach Wetter, und Wetter ist Unwetter.« Die irische Regierung hat Bölls Tagebuch nicht gelesen. So wurde sie von dem Unwetter überrascht, wie übrigens die meisten Iren keinesfalls mit Regen auf ihrer Insel rechnen. Wenn es anfängt zu gießen, legen sie sich eine Zeitung oder ein zusammengeknotetes Taschentuch auf den Kopf und laufen seelenruhig weiter. »It's a soft day«, behaupten sie dann.

Zum Glück schritt die Regierung bei der Flutkatastrophe beherzt ein. Premierminister Bertie Ahern begab sich umgehend in die am schlimmsten betroffene Straße, was nicht sonderlich schwierig war, liegt sie doch keine hundert Meter von seinem Büro entfernt. Dort ließ er sich, knietief in den Fluten, mit besorgter Miene über das einzigartige Naturschauspiel fotografieren – wie bereits in den Jahren zuvor.

Dann ergriff er Maßnahmen: Zwar schickte er weder Polizei, noch Armee oder Bürgerwehr bei diesem Sauwetter vor die Tür, um den Flutopfern zu helfen, aber er gab für den Rest des Tages die Busspuren für den Autoverkehr frei. Die waren allerdings höchstens noch von Amphibienfahrzeugen benutzbar. Aherns Finanzminister hatte kurz zuvor die Nothilfefonds für die Flutopfer abgeschafft, weil die Regierung beschlossen hatte, dass es künftig keine Fluten mehr gebe, wie Kevin Myers, Kolumnist der *Irish Times*, anmerkte.

Er schrieb, dass die Niederländer die ganze Welt ernähren könnten, würden sie in Irland leben. Lebten die Iren in den Niederlanden, würden sie dagegen ertrinken. Offenbar müssen sie dafür aber gar nicht erst ins Ausland reisen. In Irland ertrinken sogar Nashörner.

Aus der Reihe Critica Diabolis